»M«

Der sinnliche Mann

Hoffmann und Campe

Titel der Originalausgabe
»The Sensuous Man«
© 1971 by Lyle Stuart, Inc., New York

Deutsch von Hans Grisenbach

CIP-Kurztitelaufnahme der Deutschen Bibliothek

Der sinnliche Mann / M. [Dt.von Hans Grisenbach]. –
4. Aufl., 26.–30. Tsd.
Hamburg: Hoffmann und Campe, 1978.
Einheitssacht.: The sensuous man < dt. >
ISBN 3-455-04700-9
NE: M; EST

1. Auflage, 1. bis 10. Tausend 1972
2. Auflage, 11. bis 20. Tausend 1972
3. Auflage, 21. bis 25. Tausend 1975
4. Auflage, 26. bis 30. Tausend 1978

© Hoffmann und Campe Verlag, Hamburg 1972
Printed in Austria

Inhalt

I

Wie man ein sinnlicher
Mann wird

Erst mit 28 Jahren habe ich *richtig* gelernt, was man mit einer Frau im Bett alles anstellen kann. Und deshalb habe ich meiner Schätzung nach dreizehn Jahre verschwendet – es waren dreizehn Jahre voller sexueller Schwierigkeiten, Hemmungen und Enttäuschungen.

Diese Zeit möchte ich für alles Geld der Welt nicht noch einmal mitmachen. Heute ist mein Sexualleben voller Abenteuer, es ist befriedigend und abwechslungsreich. Daß ich nie ohne eine zärtliche und zu allem bereite Frau bin, ist kein Zufall.

Denn ich bin ein sinnlicher Mann geworden. Genauer: Ich habe *gelernt*, ein sinnlicher Mann zu sein. Jeder kann das. Wir alle sind von Geburt an mit dem Talent der Sinnlichkeit ausgestattet. Leider kümmern sich nur wenige Männer um die nötigen Techniken, durch die sie großartige Liebhaber werden könnten. Diesem Mangel will ich abhelfen. Ich will jenen Männern helfen, die noch nichts gelernt haben, die noch nicht in der Lage sind, die Frau, nach der sie sich so verzweifelt sehnen, zu erobern, zu halten und alle Freuden der Liebe mit ihr auszukosten.

Sind auch Sie einer von diesen Männern? Wenn ja, dann möchte ich Ihnen sagen:
- wie Sie das Gespenst der vorzeitigen Ejakulation für immer vertreiben können;
- wie Sie Experte in den raffiniertesten Liebestechniken werden, die seit Jahrhunderten bekannt sind, zum Beispiel die purpurne Kreissäge, die große Schere, das Schmetterlingsflattern, der Turnierreiter und andere Delikatessen;
- wo Sie Frauen kennenlernen können;
- wie man die Kunst des stundenlangen Beischlafs erlernt;
- wie Sie sich gut über Sex unterhalten können;
- wie man es schafft, eine Frau vor Ekstase fast verrückt zu machen.

Ist dieses Buch etwas für Sie? Wahrscheinlich. Hinter der sexuellen Angeberei der meisten Männer steckt die Angst vor der Unvollkommenheit, daß sie in sexueller Hinsicht nicht ganz mithalten können. Wir sehen Sean Connery, wie er auf der Leinwand mit Frauen umspringt, oder lesen die Heldentaten der erotisch explosiven Figuren in *Die Ehepaare,* und insgeheim gestehen wir uns dann ein, daß es bei uns nie *so* gut gewesen ist (was immer

mir unsere Kumpels auch erzählen mögen). Das Sexualleben des Durchschnittsmannes ist in Wahrheit ziemlich
dürftig; und tief im Innern nimmt er an, daß alle anderen
viel besser sind als er.

Aber das stimmt nicht. Im Bett werden die meisten
Männer zu unbeholfenen und ungeschickten Kindern, die
nicht wissen, wo sie ihre Hände lassen sollen. Zu viele
Männer denken im Bett nur an sich und vergessen, was
für die Partnerin gut ist. Zu viele haben keine Ahnung
von der beglückenden Fähigkeit, eine Frau zum Orgasmus
zu bringen. Und zu viele sind nicht einmal in der Lage,
sich selbst zu befriedigen.

Mein Sexualleben war typisch dafür – es beruhte auf
Unkenntnis und ungeschicktem Geknutsche mit Mädchen, die noch weniger wußten als ich. Der schnelle Sex
im alten Ford hat meine Erwartungen immer enttäuscht.
Er bestand aus feuchten Hosen und Unterröcken, aus
verschmiertem Lippenstift, aus Verlegenheit, Kränkungen
und der Angst, entdeckt zu werden.

Aber das war gestern. Heute ist Sex für mich eine Freude
ohne Ende. Was hat mein Verhältnis zum Sex verändert?
Erfahrung und Glück. Größtenteils Glück. Ich bin einigen
Frauen über den Weg gelaufen, die erfahren genug waren,
meinen Radius zu erweitern, und die mir ein paar Sachen
beibringen konnten – und zwar über Sex *und* Frauen.
Durch ihre Erfahrung auf sexuellem Gebiet konnten sie
ehrlich mit mir sein, mein Selbstbewußtsein einerseits
stärken und mich andererseits auf meine Mängel hinweisen. Unter ihrer geduldigen und sorgfältigen Anleitung
habe ich es gelernt, ohne Komplexe zu lieben, ohne Verle-

genheit Liebe zu empfangen und ohne Einschränkung
Liebe zu geben. Ich werde Ihnen Schritt für Schritt vor-
führen, wie ich für eine Reihe sehr aufregender und sexuell
aufgeklärter Frauen ein besserer – und manche Frauen
sagen »der beste« – Bettpartner geworden bin. Wenn Sie
diesen Bericht gelesen haben, werden Sie mir glauben
und ein sensationeller Liebhaber sein.

Mit zärtlichen Händen, einem geübten Mund, einem
erigierten Penis und einer ungezügelten Phantasie kann
aus jedem sexuellen Zwerg ein sinnlicher Riese werden
– zumindest für die Frau, mit der er gerade im Bett ist.
Wenn Sie Ihren Höhepunkt kontrollieren können, kann
sich Ihr Selbstvertrauen soweit aufblähen, daß Sie in der
Lage sind, selbst die sinnlichste Frau zu erregen und zu
entzücken. Sie können Ihre Techniken und Ihre Überzeu-
gungskraft soweit entwickeln, daß Ihre Partnerin sich auf
unendlich viele Stellungen einläßt. Und sie wird nicht
nur bereit sein dazu, sondern begeistert zustimmen und
mitmachen.

Ich will Ihnen helfen, alle sexuellen Kräfte zu wecken,
die in Ihnen schlummern. Ich will Ihnen zeigen, wie Sie
eine Frau so befriedigen können, daß ihre kühnsten Erwartungen übertroffen werden. Und zur gleichen Zeit
sollen auch Sie, der Mann, der sinnliche Mann, in einem
unglaublichen Taumel erotischer Wollust versinken.

Die sinnliche Frau wird sich immer für den sinnlichen
Mann entscheiden, denn sie weiß, daß er sie auf die höch-
sten Gipfel des Genusses locken wird.

Sie können dieser Mann sein. Blättern Sie um und
fangen Sie an zu lernen!

2

Zum Teufel mit den Mythen!

Kein Mann kann seine ganze Liebesfähigkeit entfalten, wenn er sich einbildet, er sei in sexueller Hinsicht nur zweitklassig. Viele Männer haben sich so in diese Vorstellung hineingesteigert, daß sie im Bett tatsächlich zweitklassig sind. Sie sind der Meinung, man sei entweder sexy oder nicht – und sie seien es nun mal nicht. Leider nützt es nicht viel, wenn man solchen Männern sagt, Sex sei erlernbar. Sie sind fest davon überzeugt, das falsche Los im Leben gezogen zu haben, und sie bemitleiden sich selbst: »Wo war ich bloß, als es darum ging, einen guten Penis zu ergattern?«

Machen Sie Schluß mit diesem Unsinn! Schütteln Sie ein paarmal energisch den Kopf, und bringen Sie das Durcheinander darin in Ordnung. Ihre Fähigkeiten als

Liebhaber sind genauso groß wie die anderer Männer
– wenn Sie nur die psychologischen Barrieren aus dem
Weg räumen. Diese Mythen sind nämlich nur Entschuldigungen für sexuelle Unzulänglichkeit. Wenn ich noch
daran glaubte, würde ich in meiner Freizeit die Brieftanten
der Illustrierten um Rat fragen, statt mich an der Liebe
zu freuen.

In diesem Buch ist von vielen Mythen die Rede, die
ich zu zertrümmern hoffe. Doch in diesem Kapitel will
ich zunächst die drei aus dem Weg räumen, die am meisten
an der Sexualangst des Durchschnittsmannes schuld sind.

Homosexuelle brauchen einen guten Körperbau – Sie nicht

Zu den traurigen Erkenntnissen, die ich im Laufe der
Jahre gewonnen habe, gehört die Tatsache, daß die meisten Männer meinen, beim Sex mache gutes Aussehen
99 Prozent des Erfolges aus. Wenn auch Sie das glauben
– Sie irren sich ganz bestimmt. Und wenn ich Sie davon
überzeugen kann, daß Sie sich irren, haben Sie bereits
den ersten Schritt auf dem langen Weg zum sinnlichen
Mann getan. Sinnlichkeit ist in erster Linie eine geistige
Haltung. Natürlich dürfen Sie Ihren Körper trainieren
(und Sie werden es auch tun, wenn Sie meine Ratschläge
befolgen), aber das Geheimnis für guten Sex ist persönliche Einstellung, Empfindsamkeit und Wissen – und all
das hat nichts mit gutem Aussehen zu tun. Wenn Sie
zufällig auch noch gut aussehen, desto besser für Sie.

Ich bin nicht in der glücklichen Lage, aber gutes Aussehen ist nie eine Voraussetzung für Sinnlichkeit. Es ist ein Vorteil – wie es noch viele andere Vorteile gibt: Intelligenz, gute Laune, Witz, Geist, Musikalität, Talent zum Tanzen und zur Konversation. Alle diese Eigenschaften machen Sie für Frauen in erster Linie interessant. Vielleicht nicht für alle Frauen. Doch so lange etwas in Ihnen steckt (ein bißchen Herz, ein bißchen Seele, ein bißchen Intelligenz), werden Sie eine Menge Frauen finden, die diese Eigenschaften bei einem Mann schätzen.

Viele hübsche Männer werden in sexueller Hinsicht nie erwachsen, weil sie wegen ihres guten Aussehens keinen Wert auf andere Qualitäten legen: Gutes Aussehen allein reicht aber nicht aus, um eine Frau länger als ein, zwei Nächte zu fesseln.

Einige der größten männlichen Sex-Symbole unserer Zeit sind alles andere als »hübsche Knaben«. Denken Sie an Humphrey Bogart, Marlon Brando, Yul Brynner und Jean-Paul Belmondo, Lee Marvin, die Beatles! Denken Sie nach! Aristoteles Onassis hat sicher einiges aufzuweisen (außer dem Bankkonto, meine ich), denn sonst hätte er bei der begehrtesten Witwe der Welt wohl den kürzeren gezogen. Carlo Ponti scheint es nicht allzu schwerzufallen, seine Sophia Loren am häuslichen Herd zu halten. Und Richard Burton, dessen Gesicht noch heute von den Narben einer Jünglings-Akne entstellt ist, hat für alle Zeiten ausgesorgt.

Kurz gesagt: Nur Homosexuelle haben gutes Aussehen nötig (denn in der Welt der Homosexuellen macht gutes Aussehen 90 Prozent des Erfolges aus) – Sie nicht. Natür-

lich sollen Sie sich bemühen, auch äußerlich das Beste
aus sich zu machen. Verzweifeln Sie aber nicht, wenn
Sie sich einbilden, nicht schön genug zu sein – denn Sie
sind schön genug. Wenn *ich* es bin, sind *Sie* es auch.
Und vielleicht entdecken Sie dann trotz Ihrer anderen
Nachteile, daß Sex *das* Gebiet ist, auf dem Sie wirklich
gut sind. Die Welt ist voll von mickerigen, ziemlich
kleinen Burschen, die wirklich wissen, wie man eine Frau
herumkriegt. Frauen ist es völlig egal, ob ein Mann zwei
Meter groß ist – aber sein Witz, seine Intelligenz und
sein leicht ironischer Charme lassen sie dahinschmelzen,
wie schon »J« in der *Sinnlichen Frau* bewiesen hat.

Die Sache ist einfach die: *Jeder kann beim Spiel mitmachen – es kommt nur darauf an, wie man spielt.*

Zur Größe des Penis: Wann ist er groß genug, um groß genug zu sein?

Ich weiß, was viele von Ihnen jetzt denken werden: »Eine
solche Untersuchung mag ja ganz gut sein für die meisten
Männer, aber ich habe ... äh, ich habe ein ... ein spezielles
Problem.« Ihr spezielles Problem ist die häufigste Ursache
für die sexuellen Ängste der Männer: *die Angst, daß Ihr
Penis zu klein ist.*

Wie kann Ihr Penis zu klein sein? Er steht doch von
Ihrem Körper ab, oder?

Die Zahl der Männer mit diesem Minderwertigkeitskomplex steht in gar keinem Verhältnis zur Zahl der
Männer, deren Penis tatsächlich zu klein geraten ist.

Daraus geht hervor, daß die meisten den Unsinn glauben, nur ein großer Penis sei etwas wert. Doch auch die Männer, deren Penis *ein bißchen* zu klein ist, haben keinen vernünftigen Anlaß für ihre Befürchtungen. Wie attraktiv und männlich eine »gute Ausrüstung« auch sein mag – beim Geschlechtsverkehr spielt die Größe des Penis keine Rolle. Die Penisgröße ist für Frauen kein echtes Problem, denn sie wissen aus Erfahrung, daß sie von *jeder* Größe befriedigt werden können, solange der Besitzer im Bett das Richtige tut. (Übrigens: Die meisten Frauen sind viel zu sehr mit der Größe ihrer Brüste beschäftigt, als daß sie sich auf die trivialen Befürchtungen des Mannes konzentrieren könnten.)

Meine beste Geschichte zu diesem Problem (nicht daß ich solche Geschichten sammle) ist die Sache mit den beiden Tennisspielern, die an einem knallheißen Tag ins Klubhaus zurückkehren. Der erste Spieler, ein kleiner mickriger Bursche, sagt zum anderen: »Los, Harry, wir gehen unter die Dusche!«

»O nein, danke, Charlie«, antwortet sein muskelstrotzender Kumpan. »Ich hab's eilig.«

»Quatsch, du hast genug Zeit. Es wird dir guttun.«

»Ja«, sagt Harry zögernd, »aber ich...«

»Mensch, wir haben dreißig Grad im Schatten. Du bist naßgeschwitzt und kannst ohne Dusche nicht nach Hause gehen!«

»Also, um ganz ehrlich zu sein, Charlie« – Harry dämpft seine Stimme zu einem verlegenen Flüstern – »ich habe einen ziemlich kleinen Penis. Er sieht unter der Dusche so jämmerlich aus.«

»So ein Riesenkerl wie du?« Charlie ist wirklich überrascht. »Du willst mich wohl auf den Arm nehmen!«

»Nein, er ist wirklich klein«, sagt Harry mit gesenktem
Kopf.

»Also, hör mal, hindert dich das vielleicht beim Sex?«

»Nein«, gesteht Harry. »Ich schlafe viermal in der
Woche mit meiner Frau und in jeder Mittagspause mit
meiner Sekretärin. Und dann habe ich noch eine
Freundin...«

»Hör zu«, sagt Charlie und klopft Harry auf die
Schulter. »Du willst deinen doch nicht etwa gegen einen
eintauschen, der unter der Dusche gut aussieht?«

Wenn Sie jetzt immer noch Angst haben und über Ihre
Angst immer noch nicht lachen können, dann bedenken
Sie zwei Punkte:

1. Im erigierten Zustand ist der Größenunterschied
zwischen einem großen und einem kleinen Penis nicht
so erheblich. Mit anderen Worten: Männer, deren Penis
in schlaffem Zustand groß ist, gewinnen bei einer Erektion
nicht so viel an Größe, während ein kleiner Penis verhält-
nismäßig viel größer wird. Und im Grunde ist es Ihnen
doch wohl egal, wie »er« unter der Dusche aussieht, oder?

2. Ganz gleich, wie groß er ist – ein Penis ist nicht
das wichtigste Instrument, wenn es darum geht, eine Frau
zu erregen und zu befriedigen. Wir wollen den Tatsachen
mal ins Auge blicken: Ein Penis hat weder Gelenke noch
Bewegungsnerven, er ist in erigiertem Zustand relativ
starr, und man kann mit ihm wirklich nicht viel anstellen.
Man kann ihn nur ein bißchen herumschwenken, ihn

gegen einen anderen Körper schnellen lassen oder in einer Öffnung hin und her bewegen. Beim Beischlaf sind die *wirklichen* Sexualorgane in viel größerem Ausmaß Hände und Mund. Wie groß Ihr Penis auch sein mag – er ist so viel wert wie seine begrenzte Funktion, und er reicht vollkommen aus, um auch *Ihnen* Befriedigung zu verschaffen.

Wenn Sie erst einmal einsehen, daß Ihr körperlicher »Defekt« nur auf Einbildung beruht, haben Sie eine Ihrer wichtigsten Entschuldigungen für mangelhafte Fähigkeiten im Bett aus dem Weg geräumt. Das wird Sie auch von dem Minderwertigkeitskomplex befreien, Sie seien anderen Männern in sexueller Hinsicht unterlegen. Dieser Minderwertigkeitskomplex ist die Ursache, daß viele Männer im Bett nie vollständig befriedigt werden können.

Ich höre immer nur, wie gut andere Männer im Bett sind

Eine Bemerkung noch, bevor ich mich dem eigentlichen Thema zuwende – dem Rezept, wie Sie ein sinnlicher Mann werden können. Vielleicht läßt sich Ihr Minderwertigkeitskomplex auch darauf zurückführen, daß die angeblichen sexuellen Erfolge und Heldentaten anderer Männer die Ihren weit in den Schatten stellen. Solche Befürchtungen sind grundlos. Sie müssen sie vergessen. Ich habe die Erfahrung gemacht, daß die größten sexuellen Heldentaten nicht im Bett, sondern in den Lügenberichten von Prahlhänsen passieren, die Ihnen auf Partys, auf dem

Golfplatz, bei geschäftlichen Essen und dem wöchentlichen Skatabend (also bei allen Gelegenheiten, bei denen
Männer unter sich sind und über Sex sprechen) die Ohren
vollposaunen. Ich bin jedesmal skeptisch, wenn ein solcher Möchtegern-Casanova seine Erfolge in der Liebe
zum besten gibt.

Dabei muß ich immer an einen Studienkollegen denken.
Ich nenne ihn einmal Frank (er hieß wirklich so), und
er gehörte zu unserer Baseballmannschaft. Frank gab sich
alle Mühe, uns ohne Unterlaß klarzumachen, daß alle
Frauen ihn als Superliebhaber betrachteten. Nach dem
Training sammelte er in der Ankleidekabine jedesmal eine
kleine Schar von Anhängern um sich und gab seine Erfahrungen mit seiner letzten Eroberung zum besten (jedesmal
ein Mädchen aus einer anderen Stadt, eine Studentin von
dem und dem College). Frank war ein harter Bursche,
sah gut aus, war fast 1,90 groß, sehr muskulös und erzählte
fabelhaft lustig und ordinär (er konnte Erektionen auf
eine Art und Weise schildern, die den größten Produzen-
ten von Pornofilmen vor Neid hätte erblassen lassen).
Seine Berichte beeindruckten die Zuhörer unweigerlich
zutiefst, denn jeder Monolog schloß damit, daß Franks
Penis im Mund des Mädchens und seine Zunge zwischen
ihren Schenkeln steckte. Immerhin galt es damals als
höchstes der Gefühle, wenn man ein Mädchen dazu
bringen konnte, einen zu küssen und einem dabei gleichzeitig den Rücken zu kraulen!

Frank war also unser Idol. Und wir brauchten eines,
denn für die meisten von uns – jung und unsicher, wie
wir waren – bestand Sex vor allem aus Enttäuschungen,

aus Angst, harter Arbeit und unerfüllten Träumen. Aber unsere Teilnahme an Franks Legenden verschaffte uns ein bißchen Befriedigung. Er behauptete, seine sexuellen Heldentaten trieben die Frauen von einem Orgasmus in den anderen und ließen sie stumm und taub vor Lust auf der Walstatt zurück.

Die Zeit verging, und Frank machte das Examen und wurde dann etwas Besseres (er verkaufte Enzyklopädien in Santa Barbara). Ich folgte meiner üblichen Strategie – (Komplimente, kleine Galanterien, große Wünsche und mühsam unterdrücktes Sexualverlangen – und fand mich an einem kalten Winterabend plötzlich mit Sue im Bett wieder, mit einer schlanken Blondine, die mir mitten im Vorspiel auffordernd zuflüsterte: »Nun aber los!«

Wir trieben es, und nach drei erfolgreichen und (zumindest wenn man meine vorsinnlichen Maßstäbe zugrunde legt) relativ befriedigenden kleinen Nummern klammerte Sue sich an mich und berichtete mir mit der für zufriedene Frauen typischen Offenheit buchstäblich *alle* ihre früheren sexuellen Erfahrungen – vom Drugstore-Besitzer, der an ihr herumgefummelt hatte, als sie vierzehn war, bis zu dem Studenten, der sie noch vor zwei Tagen auf dem Rücksitz eines Ford gebumst hatte.

»Und dann habe ich mit Frank geschlafen«, flüsterte sie, als sie ihre Odyssee erst halb beendet hatte. Ich war ganz Ohr. Wie hatte unser Held abgeschnitten? »Er war der größte Versager meiner ganzen Laufbahn«, sagte sie.

Der arme alte Frank. Als er mit Sue allein gewesen war, war er zum Eisblock geworden. Sie mußte ihn praktisch ausziehen; sie brauchte fast eine Stunde, um ihn mit ihrer Hand und ihrem Mund zur Erektion zu bringen, und als »er« endlich steif genug zum Eindringen war, spritzte er ihr den Samen zwischen die Schenkel.

Soweit Frank (und Sue, das geschwätzige kleine Biest). Ich habe hier nur von ihm gesprochen, um die donquijotischen Einbildungen zu beseitigen, die vielleicht Ihrem Fortschritt als Liebhaber im Wege stehen. Wenn Sie die Ratschläge in diesem Buch befolgen, werden Sie *jedem* Mann sexuell ebenbürtig sein.

Bedenken Sie aber, daß es beim Sex um mehr geht als um die Beherrschung der verschiedenen Techniken. Es gibt Männer, die jederzeit aufdrehen und ihre Reize spielen lassen können und imstande sind, es – wenn auch mechanisch – mit jeder Frau zu treiben, der sie begegnen. Das sind die Männer, denen der Ruf eines »Don Juan« vorausgeht. Sind sie glücklich? Nicht unbedingt. Überlegen Sie einmal selbst: *Wenn ein Mann jede Nacht mit einer anderen Frau schläft, bedeutet das doch, daß er nie etwas erlebt hat, was ihn dazu veranlaßt hätte, mit der betreffenden Frau auch eine zweite oder eine ganze Reihe von Nächten zu schlafen!*

Don Juans stellen in körperlicher Hinsicht vielleicht unglaubliche Dinge mit einer Frau an, aber die einzige Befriedigung, die Sex ihnen bietet, ist der Stolz, eine Eroberung gemacht zu haben. Für solche Männer sind Frauen nur eine Herausforderung, und jeder sexuelle Erfolg ist für sie nur eine weitere Selbstbestätigung, gewissermaßen eine weitere Kerbe am Penis, sonst nichts. Im Grunde ihres Herzens mögen solche Männer Frauen eigentlich gar nicht. Sie ziehen Männergesellschaft vor und benutzen ihre Macht über Frauen nur, um die Achtung der Männer zu gewinnen. Ihre Triumphe sind hohl.

Dieses Buch hat *nicht* die Absicht, Sie zu einem Don Juan, zu einem Meister in nächtlichen Kurzerlebnissen zu machen. Ich setze voraus, daß Sie Frauen *mögen*, daß Sie ihre Gesellschaft anregend und beglückend finden und daß Sie Ihre sexuellen Beziehungen zu ihnen auf einer zumindest zeitweilig permanenten Basis errichten wollen. Der sinnliche Mann hat nun einmal die Schwäche, Frauen wirklich zu genießen. Er respektiert seine Sexualpartnerinnen und sieht in ihnen mehr als nur ein Mittel, mit dem man die Zweifel an der eigenen Männlichkeit vertreibt.

Wirklich guten Sex kann es nur geben, wenn ein Mann und eine Frau genügend Zeit und Lust haben, sich gegenseitig vollständig zu erkunden und zu lernen, sich gegenseitig zu befriedigen. Der wahre sinnliche Mann braucht Frauen, um sein Leben reicher zu machen, und er widmet sich dem Glück und der Erfüllung seiner Bettgefährtin mit ganzem Herzen. Wenn Sie solch ein Mann sind, wenn Sie bereit sind, Ihren ganzen Körper in ein Instrument der Sexualität zu verwandeln, dann lesen Sie weiter.

3

Das Fundament

Wenn in Ihrem Kopf jetzt Klarheit herrscht, wollen wir darangehen, ein Trainingslager zu errichten. Zunächst müssen wir uns für Sex in Form bringen. Die *Neulinge* müssen die Grundbegriffe lernen, und die *Veteranen* müssen wiederholen, denn sie sind inzwischen schlapp und kraftlos geworden...

In Wahrheit spielt körperliche Kraft keine große Rolle in der Kunst der Liebe. Zärtlichkeit ist wichtiger als Stärke, Geschicklichkeit wertvoller als rohe Ausdauer. Und die Muskeln, auf die es wirklich ankommt, befinden sich an Ihren Fingern und Ihrer Zunge – nicht am Bizeps.

Aber man muß sich beim Beischlaf doch ganz schön bewegen, so daß eine gute körperliche Verfassung immer von Vorteil ist. Man muß wendig sein. Man muß einen

starken Rücken haben, damit man nicht zu schnell er-
müdet. Und man muß ausdauernde Lenden und Waden
haben, damit man die verschiedensten stimulierenden und
leicht akrobatischen Positionen mühelos bewerkstelligen
kann. Außerdem finden Frauen einen gesunden Körper
auch reizvoller. Ich sage ja gar nicht, daß Sie nun auf
Berge klettern, sich von Stürmen durchpusten oder Hin-
dernisstrecken für Marineinfanteristen bewältigen sollen.
Sie sollen sich nur allgemein fit machen. Ich möchte allerdings, daß Sie die Übungen, die ich jetzt empfehle, ganz
genau absolvieren. Besonders wichtig (denn wahrscheinlich haben Sie sie nie besonders beachtet) sind die
Übungen, mit deren Hilfe man die Zunge trainiert und
unter Kontrolle bekommt, und die, durch die man seine
Tast-Fähigkeiten schult. Es ist mir egal, ob Sie sich dabei
manchmal wie ein Idiot vorkommen – machen Sie diese
Übungen trotzdem! Alles, was Sie mit einer Frau anstellen, und alles, was Sie bei einer Frau empfinden, wird
von Ihrem Körper gelenkt und gesteuert. Je reaktionsfä-
higer und empfindlicher Ihr Körper ist, desto größer wird
die Freude, die Sie und Ihre Partnerin beim Sex haben.

Übungen zur allgemeinen Kräftigung

Sinnlichkeitsübung Nummer 1

Die erste und schwerste Übung ist der uns allen vertraute
und von uns allen gehaßte Liegestütz.

Legen Sie sich auf den Fußboden. Dabei können Sie
ruhig ein wenig stöhnen und fluchen. Legen Sie Ihre

Handflächen in Höhe der Schultern auf den Teppich, halten Sie den Rücken gerade und stemmen Sie Ihren zitternden Körper hoch, bis Ihre Arme ganz ausgestreckt sind. Dann lassen Sie sich wieder sinken, aber nur bis etwa eine knappe Handbreit über den Boden (wenn Sie heute, am ersten Tag, wirklich völlig aus der Übung sind, können Sie den Boden ruhig einmal berühren), und stemmen sich dann wieder hoch.

Fangen Sie mit fünf Liegestützen an, wenn Sie können, und erhöhen Sie die Zahl jeden Tag, bis Sie zehn bis zwanzig schaffen. *Die* müssen Sie aber auch regelmäßig absolvieren. Gewöhnen Sie sich ein paar kleine Schuldgefühle an, wenn Sie schummeln oder die Übung gar vergessen (ich *traue* Ihnen noch nicht so ganz).

Liegestütze sind gesund und gut für den Charakter, und vor allem bringen Sie den Tonus Ihrer Arm-, Schulter- und Handmuskeln wieder in Ordnung, damit Sie Ihr Gewicht bei der MISSIONARSPOSITION (bei der der Mann oben liegt und von der ich Sie später noch abzubringen versuche) für einen relativ langen Zeitraum in der Schwebe halten können.

Sinnlichkeitsübung Nummer 2

Diese Übung ist Ihnen ebenfalls vertraut. Es handelt sich um das Auf-der-Stelle-Laufen. Laufen Sie zunächst eine halbe Minute lang auf der Stelle – heben Sie die verdammten Knie dabei aber richtig *hoch*! – und arbeiten Sie sich in den folgenden Tagen bis auf zehn Minuten vor.

Das Auf-der-Stelle-Laufen macht den ganzen Körper

fit, erhöht die Lungenkapazität und bietet ungeahnte Vorteile, wenn Sie einmal in den Armen einer verheirateten Frau vom wütenden Ehemann erwischt werden sollten.

Falls Sie zufällig in einem großen Apartmenthaus wohnen, erledigen Sie die Übung lieber draußen, um die Zimmerdecke, die Lampenhalterungen und die Nerven der unter Ihnen Wohnenden zu schonen.

Übungen für das Becken

Sinnlichkeitsübung Nummer 3

Bei dieser Übung sollten Sie besser allein bleiben, denn sie erinnert ein bißchen an einen Grislybären, der seinem Körper durch Reiben an einem Baum Erleichterung verschafft. Stehen Sie mit ungefähr 55 Zentimeter weit gespreizten Beinen und lehnen Sie sich mit den Armen auf die Rückenlehne eines schweren Sessels. Stehen Sie ganz locker und bequem. Bewegen Sie Ihr Becken zehn- bis zwanzigmal nach vorn und wieder zurück – nicht schnell, sondern gleichmäßig. Bei der Vorwärtsbewegung lassen Sie das Becken gelegentlich ein bißchen kreisen.

Nun stellen Sie sich vor, Sie hätten den Gymnastikunterricht im Rundfunk eingeschaltet und lauschten der krähenden Stimme einer jener Damen aus Haut und Knochen: »Und vor das Bein! Und vor das Bein! Und noch einmal! Und *locker* machen – krei...sen, und vor...wärts – kreisen – und zurück...«

Sind Sie sich darüber im klaren, daß Millionen von Hausfrauen jede Woche endlose Stunden mit dieser anregenden Tätigkeit ausfüllen?

Auf jeden Fall wird die Übung Ihre unteren Rücken-
muskeln stärken und es Ihnen ermöglichen, ohne jede
Ermüdungserscheinung ungezählte Male tief in eine Vagina vorzustoßen. Außerdem wird sie Ihnen zu einer herrlich peinlichen Situation verhelfen, wenn Sie dabei erwischt werden.

Sinnlichkeitsübung Nummer 4

Legen Sie sich im Bett oder auf dem Fußboden flach
auf den Rücken. Spreizen Sie die Beine ein bißchen und
heben Sie die Knie, wobei die Fußsohlen aufgestützt
bleiben müssen. Stemmen Sie das Becken nun in einer
einzigen Bewegung hoch und nach vorn. Benutzen Sie
die Knie als Scharniere und die Füße als Anker für Ihre
Hoch-und-vor-Bewegung.

Machen Sie die Übung am Anfang ungefähr zehnmal
und erhöhen Sie allmählich auf 25. Sie wird Ihren Körper
für alle Positionen fit machen, bei denen die Frau sich
über Ihnen befindet und auf Ihrem Penis »reitet«...

Zungenübungen

Sinnlichkeitsübung Nummer 5

Einen guten Liebhaber erkennt man gewöhnlich an der
Zunge. Wenn ein Mann mit seiner Zunge flippern kann
wie ein Kolibri mit seinen Stummelflügeln, wenn er mit
ihr die Fliege auf seinem Teller festnageln kann, dann
besitzt er ein erotisches Instrument von unschätzbarem

Wert – besonders wenn es darum geht, die Klitoris einer Frau ordentlich durchzukitzeln.

Hier Ihre erste Zungenübung: Strecken Sie die Zunge heraus. Halten Sie sie ganz steif und bewegen Sie sie wie einen Scheibenwischer von links nach rechts, wobei Sie jedesmal den Mundwinkel berühren. Machen Sie diese Übung anfangs 30 Sekunden lang und arbeiten Sie sich allmählich bis auf 60 Sekunden vor. Falls Sie eine kleine psychologische Hilfestellung brauchen: Stellen Sie sich vor, Sie seien William F. Buckley, dessen Zunge ein phantastisches Sexinstrument wäre – wenn man sie nur zähmen könnte.

Diese Übung soll Sie besonders für die PURPURNE KREISSÄGE fit machen.

Sinnlichkeitsübung Nummer 6

Strecken Sie die Zunge so weit wie möglich heraus, und ziehen Sie sie dann in den Mund zurück, so schnell es eben geht. Machen Sie diese Übung am Anfang zehnmal und erhöhen Sie auf 50. Der Sinn und der Zweck dieser Übung sind ganz offensichtlich.

Sinnlichkeitsübung Nummer 7

Suchen Sie so lange in Ihrem Küchenschrank, bis Sie ein hohes und schmales Whiskyglas finden. Machen Sie es bitte (noch) nicht voll, sondern stülpen Sie sich die Öffnung wie eine neuartige Sauerstoffmaske über die Lippen, drücken Sie es aber nicht gegen das Gesicht. Strecken Sie nun die Zunge so weit wie möglich hinein, ohne die Seiten des Glases zu berühren. Sollten Sie die Seiten *doch* berühren, ziehen Sie die Zunge schnell wieder zurück und fangen Sie noch einmal an. Machen Sie die Zunge diesmal ganz lang und spitz und versuchen Sie, weiter zu kommen als beim letzten Mal, bei dem Sie das Glas berührten.

Diese Übung dient einem doppelten Zweck. Erstens: Beim Zungenkuß muß Ihre Zunge spitz nach vorn schnellen, um den Mund der Partnerin vollständig zu erkunden und ihre Zunge zu treffen und zu umspielen. Die Zunge von *Ihnen* ist nämlich größer und breiter als die Zunge von *ihr* – und wenn sie beim Hineinschnellen in den Mund der Angebeteten zu breit und hinderlich ist, wirkt sie unter Umständen lästig und macht Ihre Partnerin ängstlich.

Zweitens: Wenn Sie die Klitoris oral stimulieren, sollte Ihre Zunge dabei den kleinen Schaft umkreisen und die Spitze der Klitoris nur ganz sanft reizen.

Falls Sie das jetzt noch nicht ganz einsehen können, dann später.

Sinnlichkeitsübung Nummer 8

Sie ist einfach süß. Stecken Sie eine kleine Weinbeere in den Mund. Halten Sie sie zwischen den Zähnen und der Zunge, lassen Sie sie dann mit Hilfe der Zunge kreisen. Machen Sie es ganz vorsichtig, damit die Beere auf keinen Fall beschädigt wird. Rollen Sie sie in Ihrem Mund von einer Seite zur anderen und kneten Sie sie leicht mit den Lippen. Wenn Sie die Weinbeere auf diese Weise manipulieren können, ohne ihre zarte Schale zu verletzen, dann wenden Sie annähernd den korrekten Druck an, der auch zum Erregen und Stimulieren von Brustwarzen nötig ist, ohne daß diese extrem empfindliche erogene Zone dabei Schmerzen leiden muß.

Wenn Sie die Weinbeere nebenbei auch noch zum Orgasmus bringen können, desto besser.

Übungen für die Tastsinne

Sinnlichkeitsübung Nummer 9

Diese bringt Sie vielleicht etwas in Verlegenheit, weil sie so wenig der Vorstellung vom harten und muskulösen »Stoßmann« entspricht. Aber sie ist *sehr* wichtig, um die Kunst des Fühlens zu trainieren.

Zunächst sollen Sie sich der ganzen Variationsbreite Ihrer taktilen Fähigkeiten bewußt werden. Sammeln Sie zu diesem Zweck eine Reihe von Gegenständen, die jeweils eine andersgeartete Oberfläche haben. Solche Gegenstände sind in jedem Haushalt zu finden: ein weiches Kissen, ein Stück Seife, ein Zwieback, ein Lederhandschuh, Ihr Taschentuch, eine Seidenkrawatte, eine Schüssel mit lauwarmem Wasser, eine Scheibe Brot und eine Wildlederjacke. Legen Sie alles auf einen Tisch, und setzen Sie sich in einen bequemen Sessel, der davor steht. Machen Sie die Augen zu und tasten Sie langsam über jeden einzelnen Gegenstand hinweg.

Lehnen Sie sich nun in Ihrem Sessel nach hinten und rufen Sie sich das *Gefühl* von jedem einzelnen Gegenstand ins Gedächtnis zurück. Versuchen Sie, sich dabei nicht wie ein kompletter Idiot vorzukommen. Wiederholen Sie die Übung, bis Ihre Fingerspitzen und Ihr Tastgedächtnis sich jede einzelne Oberfläche eingeprägt haben.

Nehmen Sie diese Übung nicht auf die leichte Schulter. Ein guter Liebhaber muß einen außerordentlich gut entwickelten Tastsinn haben.

Sinnlichkeitsübung Nummer 10

Und jetzt wird es noch lustiger. Machen Sie Ihren Oberkörper frei. Setzen Sie sich vor denselben vollgepackten Tisch mit denselben Gegenständen – und reiben Sie, wiederum bei geschlossenen Augen, jeden Gegenstand an Ihrem Körper. Lehnen Sie sich noch einmal nach hinten, lecken Sie die Zwiebackkrümel von den Fingern und versuchen Sie, sich an das Gefühl jedes einzelnen Gegenstands zu erinnern. Damit trainieren Sie Ihren Körper, bis er ein phantastisch empfindliches und genaues Tastinstrument geworden ist.

Wenn Sie die Übung beendet, Ihre Tastsinne erweitert und verfeinert haben, entkleiden Sie sich auch unterhalb der Gürtellinie und duschen Sie. Sie werden es nötig haben.

Oh, ehe ich's vergesse: Verschließen Sie die Tür, bevor Sie mit der Übung anfangen. Sonst könnte ein unangemeldeter Besucher vielleicht die nächste Nervenklinik alarmieren.

4

Wie man ihn hochkriegt und wie man ihn hochhält – nie wieder vorzeitige Ejakulation, Ejakulationsschwierigkeiten oder Impotenz

Die jetzt folgenden Punkte sind in vieler Hinsicht die pikantesten und kritischsten, die sich ein Mann auf dem Weg zur Sinnlichkeit vorstellen kann. Es geht nämlich jetzt um Impotenz und vorzeitigen Samenerguß – um sexuelles Versagen. Aber das ist noch nicht alles. Auch wenn Sie im Moment nicht unter sexueller Unzulänglichkeit leiden, sollten Sie dieses Kapitel lesen.

Vielleicht sind Sie darüber erstaunt, daß ich das unangenehme Thema so früh erörtere – noch ehe ich Ihnen detaillierte und umfangreiche Instruktionen dazu erteile, »wie man es macht«. Der Grund ist einfach: Die meisten Männer – sogar Männer, die sexuell auf Draht sind –

haben in erotischer Hinsicht Ansichten und Erwartungen,
die sie daran hindern, wirklich leistungsfähige Liebhaber
zu werden. Solche Ansichten und Erwartungen sind oft
schuld an Impotenz und vorzeitiger Ejakulation. Und
kein Mann kann sein sexuelles Genußpotential auskosten,
wenn er sich nicht von den Befürchtungen frei macht,
die auf so vielen von uns lasten.

Jeder vernünftige Mann weiß, daß der Schlüssel zum
erfolgreichen Beischlaf mit einer Frau in der Fähigkeit
besteht, eine Erektion zu haben und diese Erektion so
lange zu halten, bis beide Beteiligten befriedigt sind. Einfacher gesagt: Jedem Mann geht es darum, »wie man ihn
hochkriegt und wie man ihn hochhält«. Diesen entscheidend wichtigen Punkt erörtern wir im folgenden Kapitel.

Zweitens, und nicht weniger wichtig: Fast alle Männer
haben bei ihren Liebesabenteuern schon ein- oder zweimal
erlebt, daß sie plötzlich impotent waren. Die Gründe für
diese Unfähigkeit zur Erektion und Befriedigung der Frau
sind, wie wir noch sehen werden, ganz verschieden und
ganz natürlich (die Nerven beispielsweise oder Angst vor
Entdeckung oder zu viel Alkohol). Es handelt sich jedenfalls um ein Phänomen, das *jedem* Mann *jederzeit* zu-
stoßen kann. Und wenn er nicht mit einem solchen Versagen rechnet, kann er es falsch interpretieren, darüber
grübeln, in Panik geraten und sich in einen derartigen
Angstzustand hineinsteigern, daß er danach tatsächlich
und chronisch impotent wird.

Auch wenn sich Ihr Penis schon beim ersten Reiz mit
Blut füllt, auch wenn Sie Ihren Ejakulationszeitpunkt gut
unter Kontrolle haben – auch dann rate ich Ihnen, dieses

Kapitel weiterzulesen. Sie werden vielleicht feststellen,
daß Sie anschließend in den Armen Ihrer Partnerin mehr
Genuß finden als jetzt.

Zunächst werde ich auf eine Reihe einschlägiger Tatsachen hinweisen, die sich um sexuelle Unzulänglichkeiten
des Mannes drehen. Dann kommen wir zu den vorbeu-
genden und heilenden Maßnahmen für sexuelles Versagen
– und auch zu einer absolut narrensicheren Methode, das
Gespenst der vorzeitigen Ejakulation für alle Zeiten aus
Ihrem Sexualleben zu vertreiben.

Die Ungerechtigkeit der »doppelten« Moral

Man erzählt oft, wie unfair die »doppelte« Sexualmoral
den Frauen gegenüber ist. Unsere engstirnigen, nur an
Männern orientierten Moralvorstellungen diskriminierten
die Frauen, raubten ihnen Freiheit und sexuelle Befriedigung. Das alles ist sicher wahr.

Man erzählt aber fast nie, daß auch diese Medaille eine
Kehrseite hat. Die doppelte Moral bürdet dem Mann
nämlich die volle Verantwortung für Erfolg oder Mißer-
folg eines sexuellen Abenteuers auf. In gewissem Sinn
kann eine Frau im Bett nie »versagen«. Sie braucht sich
nur hinzulegen und den Mann machen zu lassen. Eine
Frau ist nie impotent. Frigide, ja; impotent, nein. Wenn
sie keinen Orgasmus hat, sagen wir »wie schade«, wir
sagen aber nicht »du hast versagt«. Außerdem können
Frauen einen Orgasmus *vortäuschen*, indem sie sich
winden und lustvoll stöhnen und ihren Unterkörper

scheinbar ekstatisch hochzucken lassen. Nur wenige
Männer können einen vorgetäuschten Orgasmus von
einem echten Orgasmus unterscheiden.

Aber wehe dem armen Mann! Er ist zu bedauern, denn
wenn sein Glied nicht steif wird, kann er nur noch die
Partnerin streicheln und Gebete an die Göttin der Erektion richten. Er kann absolut nichts vortäuschen. Sein
Penis hängt schlaff herunter wie ein leerer Geldbeutel
und macht sich über die Männlichkeit des Besitzers lustig.
Impotenz ist demütigend, weil sie so offensichtlich ist.

Dasselbe gilt für vorzeitigen Samenerguß. Ein Mann
führt seinen Penis in die Scheide der Partnerin ein, und
bei seinem verzweifelten Versuch, die Ejakulation hinaus-
zuzögern, hört er dann vielleicht mit dem Streicheln auf,
berührt die Angebetete möglichst überhaupt nicht mehr
und fängt an, die Börsenkurse des Tages vor sich hin
zu murmeln oder so lange sich am Ohr zu kratzen, bis
es blutet. Damit will er seine Gedanken vom Sex abbringen, aber trotzdem muß er entdecken, daß ihm der
Samen bereits eine halbe Minute später auf Nimmerwie-
dersehen entgleitet. Wenn er nicht ganz egoistisch und
ahnungslos ist, weiß er, daß er versagt hat, daß er die
Frau nicht befriedigt hat. In ihren Augen ist er eine Niete.
Die doppelte Moral ist also ein Schwert mit doppelter
Klinge.

Von Männern wird erwartet,
daß sie eine gute Nummer machen

Die Pflicht des Mannes, sich jede Verantwortung für sexuellen Erfolg aufbürden zu lassen, wäre nicht schlimm,
wenn wir diesen Erfolg nicht so ungeheuer wichtig
nähmen. Doch gerade das tun wir. Schon dem kleinsten
Jungen bringt man bei, daß ein Mann »maskulin« sein
muß. Und wenn er größer wird, dann lernt er von Gleich-
altrigen, aus Büchern, aus Filmen und anderen Quellen,
daß jeder Mann ein guter Beischläfer sein muß. Er fragt
sich also schon früh, ob er da wohl mithalten kann.

Sogar das Wort, mit dem Männer einen Beischlaf umschreiben, ist bezeichnend: *eine Nummer.* Man hat unwillkürlich den Eindruck, der Mann stehe auf der Bühne
und absolviere diese Nummer vor einem Publikum. Die
meisten Männer stellen sich die Partnerin tatsächlich als
eine Art Publikum für ihre Nummer vor (dazu als ein
sehr *kritisches* Publikum). Wenn die Nummer vorbei ist,
fragen sie: »Wie bin ich gewesen?« Sie fragen es vielleicht
nicht laut, aber sie fragen es jedenfalls ohne Worte. Ein
Mann meint, er sei einfach gezwungen, eine gute Nummer
zu machen, und wenn dieser Zwang zu stark wird, kann
er so viele Angstgefühle und Komplexe entwickeln, daß
er keine Erektion mehr zustande bringt.

In Verbindung mit den Anforderungen, die nach Ansicht des Mannes von der Gesellschaft an ihn gestellt
werden, genügen einige Erlebnisse dieser Art, ihn zu der
Überzeugung zu bringen, er sei im Grunde gar kein rich-
tiger Mann. Er wird impotent. In körperlicher Hinsicht

stimmt bei ihm zwar noch alles, aber die Kombination
aus seinen Angstgefühlen und den angeblichen Erwartungen des »Publikums« machen ihn schnell zum sexuellen Wrack und zum unglücklichsten aller Menschen.

Sex ist kein Wettkampf

Die meisten Männer betrachten einen Beischlaf nicht nur
als Nummer, sondern auch als Wettkampf zwischen sich
und einem – oder allen – Vorgängern. Wenn sie nicht
fragen »Wie bin ich gewesen?«, fragen (oder denken) sie
bestimmt »War ich besser als George?« Der Gegenspieler
ist gewöhnlich das vielgerühmte »Bild von Mann«, jenes
sagenumwobene Wunschbild, dessen Erfolge unbedingt
in den Schatten gestellt werden müssen. Manchmal ist
der Gegenspieler natürlich auch der oder die Männer,
mit denen die Partnerin geschlafen hat, bevor *er* ihr über
den Weg lief (aus diesem Grund bestehen manche Männer
übrigens darauf, Jungfrauen zu heiraten – sie haben Angst
vor dem Verlieren).
    Manchmal ist der Gegenspieler aber auch die Frau
selbst! Es gibt Paare, die sich beim Beischlaf so aufführen,
als ginge es um Leben und Tod, wobei der Mann die
Rolle des beutegierigen, erbarmungslosen Zerstörers und
die Frau die Rolle der wilden, männerverschlingenden
Furie spielt. Wer wird gewinnen?
    Denken Sie bei der Lektüre meines Buches immer
daran, daß es beim Sex nicht darum geht, wer gut, besser
oder am besten abschneidet! Es geht darum, Sex zu ge-

nießen und Spaß daran zu haben. Und je mehr Sie beim Koitus an einen Wettkampf denken, desto weniger werden Sie die Sache genießen, das steht so ziemlich fest. Es gibt noch keinen Siegespokal für Sex, und deshalb brauchen Sie sich nicht darauf zu konzentrieren, wie gut Sie dabei im Vergleich zu einem anderen Mann sind. Konzentrieren Sie sich auf Ihren Genuß und auf die Befriedigung Ihrer Partnerin. Nur auf diese Weise werden Sie als »Sieger« aus dem Bett steigen.

Die Angst ist der größte Feind

Alle Probleme, von denen ich bisher gesprochen habe, können bei den meisten Männern zu sexuellen Angstgefühlen führen. Bei manchen Männern führen sie aber auch zu *nackter Furcht.* Der Zwang, im Bett gut sein zu müssen, ist zuviel für sie, und sie werden impotent.

Das typische Beispiel ist der sexuell unerfahrene Jüngling, der von seinen Freunden mit aller Kraft überredet wird, ein Freudenhaus in einem verrufenen Stadtteil zu besuchen. Er betritt ein schmuddeliges Zimmer und erblickt eine schlampige alte Prostituierte. Sie sieht so abstoßend aus und geht so unverfroren ran, daß der Jüngling sofort zu Eis gefriert. Sie bemerkt, wie verlegen und unerfahren er ist, spottet über seine Manneskraft und stolziert vor ihm auf und ab, bis er schließlich völlig gedemütigt die Flucht ergreift und noch auf der Straße ihr gemeines Lachen in den Ohren hat.

Von diesem Tag an wird jede Möglichkeit, mit einer

Frau Sex zu haben, für ihn zu einer Drohung. Er ist
vor Furcht gelähmt, und die Frau wird schnell ungeduldig.
Statt Verständnis und Sympathie zu zeigen, fragt sie vielleicht: »Was ist denn bloß los mit dir?« Und nach einigen
Fehlschlägen dieser Art schafft es selbst eine zärtliche,
liebende und verständnisvolle Frau nicht mehr, seine
Angst vor dem Versagen und seinen Ekel vor jeder Art
Sex zu überwinden. Sein Liebesleben wird zu einer Gru-
selgeschichte.

Häufiger tritt Impotenz jedoch auf, wenn die Partnerin
eines Mannes, der jedesmal zu früh zum Samenerguß
kommt, schließlich ihrem Herzen Luft macht und ihm
sagt, daß er sie nicht genügend befriedigt. *Vorher* hatte
er vielleicht nie die geringsten Erektionsschwierigkeiten
– aber das war, ehe der Beischlaf zum unlösbaren Problem
geworden war. Jetzt verlangt seine Partnerin mehr Ausdauer. Sie verlangt eine längere Erektion. Er versucht,
seine Erektion unter Kontrolle zu bekommen, aber er
schafft es nicht. Er greift zu allen möglichen Tricks und
Kunststücken, aber es klappt nicht. Und seine verständli-
cherweise etwas enttäuschte Bettgefährtin beginnt
langsam an seiner Männlichkeit zu zweifeln.

Er auch. Binnen kurzem gibt er sich so viel Mühe,
sie zu befriedigen, daß Sex für *ihn* zum Alptraum wird.
Er beginnt, schon von vornherein mit seinem Versagen
zu rechnen, und er fürchtet sich vor der unvermeidlichen
Auseinandersetzung. Es dauert dann nicht mehr lange,
bis er nach Entschuldigungen *sucht*, um Sex ganz zu vermeiden. Und wenn die beiden es dann doch wieder
treiben, ist er nicht mehr erektionsfähig und behauptet,

er sei nur müde.

Aber er ist nicht müde – er hat Angst. Er hat Angst, weil er glaubt, er sei ein schlechter Liebhaber. Er hat Angst, weil er fühlt, daß er immer schlechter wird. Und er hat Angst, weil seine Partnerin in ihrer Gier nach der längst fälligen sexuellen Befriedigung seine Minderwertigkeitskomplexe nur noch verschlimmert.

So kommt es, daß wir schließlich einen impotenten Mann vor uns haben. Es geht ihm genauso schlecht wie dem Mann, der es *nie* schaffte, obgleich er früher bei einer Frau sofort zur Erektion und Ejakulation kam. Durch seine Angst hat er sich selbst entmannt.

Vorbeugungsmaßnahmen gegen Impotenz

Nehmen wir einmal an, Sie seien ein typischer Durchschnittsmann. Sie haben noch nie in Ihrem Leben ein größeres sexuelles Trauma gehabt. Sie hatten das, was man als »typisches« Sexualleben bezeichnen könnte. Ich sage Ihnen jetzt, was Sie tun können, damit sie niemals impotent werden.

1. Zunächst: Lesen Sie dieses Kapitel bloß nicht zehnmal durch, wenn Sie mit Sex gut zurechtkommen! Wenn man zuviel über Impotenz nachdenkt, fängt man vielleicht an, sich diesbezügliche Sorgen zu machen, und mit Sorgen beginnt das Übel ja meistens. Manche Männer haben das phantastische Talent, sich etwas einzubilden, was vorher nicht da war, danach aber nicht mehr aus der Welt zu schaffen ist.

2. Seien Sie sich darüber klar, daß *jeder* Mann irgendwann in seinem Leben einmal versagt. Werden Sie bloß
nicht nervös, weil Sie eines Nachts, zu allem bereit, neben
Ihrer Partnerin ins Bett steigen und nichts mehr zustande
bringen. Vielleicht sind Sie physisch erschöpft. Vielleicht
haben Sie zu viel getrunken. Vielleicht werden Sie von
einer Sache abgelenkt, die mit Sex nichts zu tun hat und
trotzdem alle Ihre Gedanken beherrscht. Oder Sie machen
vielleicht gerade eine jener Perioden durch, in denen Sie . . .
na ja, in denen Sie nicht so scharf sind wie sonst. *Alles*,
was Sie vom Sex ablenkt, kann der Grund sein, daß Sie
Erektionsschwierigkeiten haben. Machen Sie sich darüber
keine Sorgen, es ist vollkommen natürlich. Es bedeutet
auf keinen Fall, daß Sie impotent sind.

3. Ihr Liebesleben soll kein Wettkampf sein. Um das
zu erreichen, müssen Sie eine echte Beziehung zu Ihrer
Partnerin aufbauen. Sie müssen die sexuellen Höhepunkte
dieser Beziehung auf ein gemeinsames Ziel richten: auf
gegenseitige Befriedigung und Erfüllung. Bei Ihrem Liebesspiel soll es einzig und allein um das gemeinsame Vergnügen gehen. Wenn einer von Ihnen im Bett jedesmal
unbedingt etwas »Tolles auf die Beine stellen will«, dann
wird es schon gefährlich. Früher oder später wird einer
von Ihnen sich unbefriedigt, enttäuscht oder frustriert
vorkommen und schließlich beim Partner versagen.

4. Lernen Sie, wie Sie Ihre Partnerin am besten befriedigen können. Das wird Sie von der größten aller möglichen Angstursachen befreien: von dem unausgespro-
chenen Vergleichen, vom stummen Urteil der Partnerin.
Wenn die Ejaculatio praecox, der vorzeitige Erguß, Ihr

Hauptproblem ist, heilen Sie sich selbst. (Wie? Das werde ich Ihnen im weiteren Verlauf dieses Kapitels zeigen.) Die Kontrolle des Ejakulationszeitpunkts ist wesentlich für Ihre weiteren sexuellen Beziehungen.

5. »Erleichtern« Sie Ihr Sexleben. Lernen Sie, über Sex zu lachen, und lassen Sie nicht zu, daß *sie* den Beischlaf zu ernst nimmt. Er soll *Spaß machen*. Er soll *nicht* mit tierischem Ernst absolviert werden.

Wenn Sie diese Ratschläge befolgen und sich beim Sex ein kindlich offenes, ein aufgeschlossenes und fröhliches Gemüt bewahren, werden Sie mit einiger Sicherheit niemals impotent – denn Sex kann in diesem Fall nie zur Quelle wirklicher Angstgefühle werden.

Wie man Impotenz heilen kann

Sollten Sie bereits impotent sein – oder ernstliche Schwierigkeiten haben, ihn »hochzukriegen« –, dann müssen Sie begreifen, daß es nichts nützt, sich nun wer weiß wieviel Mühe zu geben oder sich mit aller Kraft nur auf das eine Ziel zu konzentrieren. Das Gegenteil ist der Fall. Je nachdrücklicher Sie Ihren Penis *hochzwingen* wollen, desto fester bleibt er unten.

Ein Penis geht nicht in die Höhe, weil sein Besitzer es unbedingt *will*. Er versteift sich ganz natürlich und ohne bewußte Müheanwendung, wenn der Besitzer sexuell erregt ist. Aber: Wenn der Besitzer sich gleichzeitig bewußt bemüht, ihn hochzukriegen, wenn er dabei fürchtet, daß es nicht klappt, dann wird er automatisch von allem abgelenkt, was ihn zunächst sexuell erregte. Sein Penis wird nicht *steif* – es ist so, als hätte der Mann an irgendeine ganz neutrale Sache gedacht. An Sojabohnen zum Beispiel. Um es anschaulicher auszudrücken: Wenn eine Frau Ihren Nacken küßt und Ihr Glied streichelt, wird es normalerweise steif werden. Es ist ein schönes Gefühl, die Frau ist reizvoll, und Sie werden erregt. Wenn Sie aber nun befürchten, daß Ihre Partnerin denkt, Sie seien kein guter Liebhaber und würden sie nicht vollständig befriedigen, dann werden Sie unruhig und bekommen Angst (wie Sie auch beim Zahnarzt Angst bekommen). Das Resultat? Keine Erotik, keine Erregung, keine Erektion.

Es gibt nichts, was Sie *tun* können, um eine Erektion zu bekommen. Dafür gibt es keine Übungen. Dafür gibt es keine Tricks. Es gibt keine elektrischen Stimulatoren oder andere Instrumente, die diesen Job für Sie erledigen...

Der einzige Weg, Impotenz zu heilen, besteht darin, sich ganz zu lockern und der Natur ihren Lauf zu lassen. Das klingt einfach genug, aber niemand kann Sie locker machen, indem er Ihnen ins Ohr flüstert: »Locker, locker!« Das bedeutet, daß Sie sich von allen Befürchtungen, von allen falschen Erwartungen befreien müssen, die zu Ihrer Sexualangst geführt haben. Und das bedeutet, daß Sie eine Partnerin haben müssen, die Ihnen bei dieser totalen sexuellen Neuorientierung mit Rat und Tat zur Seite steht.

Wenn Sie schon *immer* impotent gewesen sind, wird dieser Do-it-yourself-Versuch zur Heilung der Impotenz wahrscheinlich nicht ausreichen. Bei Ihnen beruht die Sache sicher auf einer sehr alten und tiefverwurzelten Sexualangst, die vielleicht noch durch eine strenge religiöse Erziehung verstärkt wurde. In diesem Fall sollten Sie sich um psychiatrische Hilfe bemühen, damit Sie zum Kern Ihres Problems vorstoßen.

Wenn Ihre Erektionsschwierigkeiten jedoch erst seit relativ kurzer Zeit aufgetreten sind, dann haben Sie die besten Chancen für schnelle Selbsthilfe (obgleich der professionelle Rat eines erfahrenen Fachmanns auch jetzt noch empfehlenswert sein kann).

Zunächst einmal: Ganz allein können Sie es nicht schaffen. Bei der Onanie sind Sie allein, brauchen also keinerlei Angst zu haben. Wenn Sie onanieren, klappt es immer, aber Ihr Problem ist damit nicht gelöst. Nein, Sie brauchen eine Partnerin. Sie muß einfühlsam und verständnisvoll sein. Sie muß *wissen*, was Sie schaffen wollen. Und sie muß sich diesem Ziel ebenfalls widmen, auch wenn das einen vorübergehenden Verzicht auf die eigene sexuelle Befriedigung bedeutet.

Ziel Ihrer Bemühungen muß ein Sexualleben ohne jede Angst sein. Damit beseitigen Sie auch die Angstzustände, die zu Ihren Erektionsschwierigkeiten geführt haben. Zu diesem Zweck müssen Sie mit Ihrer Partnerin nur sexuell *spielen*, Ihre Zärtlichkeiten müssen also völlig zweckfrei sein. Die Rolle Ihrer Partnerin ist allerdings sehr schwierig. Sie muß Ihnen klarmachen, daß sie auch dann glücklich ist, wenn sie nur bei Ihnen sein darf und Ihren Körper berühren und streicheln kann. Sie muß Ihnen klarmachen, daß sie sich von diesen »Sitzungen« keinerlei

sexuelle Totalbefriedigung erhofft. Und sie muß Ihnen
klarmachen, daß es ihr auch ganz egal ist, ob Sie nun
eine Erektion haben oder nicht.

Wichtig ist nur Streicheln, Reden, Freude geben. Bitte
keine Anstrengungen, »ihn« hochzukriegen! Und wenn
er doch steif wird, versuchen Sie bitte nicht, das auszu-
nutzen! Unternehmen Sie keine Anstrengungen, durch
Vollziehung des Beischlafs zum Orgasmus zu kommen.
Das würde nur zu einer neuen Niederlage führen, denn
schon der Versuch, Ihrem Körper ein Schnippchen zu
schlagen, würde Sie erneut ablenken und Ihre Erektion
verschwinden lassen.

Nach einigen Tagen mit zweckfreiem Liebesspiel
werden Sie höchstwahrscheinlich immer öfter zur Erektion kommen (vorausgesetzt allerdings, daß Sie nicht pausenlos auf Ihren Penis starren und um eine Erektion
beten). Das wird dann passieren, wenn Sie ganz damit
zufrieden sind, daß Sie nicht unbedingt erigieren *müssen*,
um Ihre Partnerin oder sich selbst zu erfreuen. Und wenn
Sie eine Erektion haben, ängstigen Sie sich bloß nicht
darum, ob sie nun wieder verschwindet oder nicht. Lassen
Sie Ihren Penis ruhig schlaff werden. Ist er wieder schlaff?
Na und! (Es ist eine gute Idee, wenn Sie sich absichtlich
ablenken könnten, damit er schlaff wird, und wenn Sie
der Dame Ihres Herzens dann gestatten, ihn mit ihren
Fingern oder ihren Lippen wieder hochzubringen. Wiederholen Sie das so oft wie möglich. Sie werden bald
begreifen, daß Sie sich nicht um das Zustandekommen
der nächsten Erektion zu ängstigen brauchen, wenn die
erste mal verschwunden ist!)

Der nächste Schritt muß von Ihrer Partnerin erledigt werden, und zwar in einer Position, bei der sie über Ihnen sitzt oder kniet, damit sie sich Ihren Penis in die Vagina einführen kann. Das sollte sie selbst erledigen, damit sie Ihnen auf keinen Fall erlaubt, sich von dem lustvollen Gefühl ablenken zu lassen! Beim ersten Mal sollte sie noch keine Beischlafbewegungen machen, denn das wäre zu anspruchsvoll und würde die Erektion vielleicht vertreiben.

Wenn die Erektion wieder weggeht, na und? Machen Sie sich keine Sorgen – fangen Sie noch mal an! Sie werden schnell mehr Sicherheit gewinnen, und dann können Sie auch beginnen, Ihren Penis in der feuchten, aber bewegungslosen Vagina hin und her zu bewegen. Nur so, zum eigenen Vergnügen. Ihre Partnerin sollte in diesem Stadium damit zufrieden sein, daß sie Ihre Fortschritte kennt und weiß, wie gut es Ihnen tut.

Nach einigen Episoden dieser Art sind Sie vielleicht in der Lage, die Vagina Ihrer Partnerin zu benutzen, um zum Höhepunkt zu kommen. Wichtig ist, daß Sie dabei immer eines bedenken: *Bemühen Sie sich nicht angestrengt um einen Orgasmus!* Er soll keinesfalls das Ziel Ihres Liebesspiels sein, sondern höchstens das Resultat glücklicher Nebenumstände.

Je mehr Sie darauf vertrauen können, Ihren Penis eine angemessene Zeit lang erigiert zu halten und ihn kurz danach noch einmal »hochzukriegen«, desto mehr Möglichkeiten hat Ihre Partnerin, sich aktiv zu beteiligen. Sie wird den Unterleib gegen Ihren Penis drücken, ohne daß

Sie sofort wieder Angst bekommen und sich bedroht
fühlen. Und schließlich werden Sie beide triumphieren
und sich mit vollkommener, uneingeschränkter Hinge-
bung lieben können – frei von Angst, frei von falschen
Zielen und Erwartungen, nur mit der Freude, sich gegenseitig Glück zu schenken.

Bevor Sie die letzte Stufe dieser sexuellen Erlösung bewältigen, schlage ich Ihnen jedoch vor, ein Exemplar des
Werkes *Human Sexual Inadequacy* von Masters und
Johnson zu kaufen, dem ich einige der spezifischen Emp-
fehlungen dieses Kapitels entnommen habe. Der weitaus
detailliertere und eingehendere Überblick der beiden bekannten amerikanischen Sexologen wird Ihnen von
enormem Nutzen sein.

Ein Rat für potente Männer

Versuchen Sie, die Moral zu verstehen, die sich hinter
meiner soeben beschriebenen Kur für Impotente verbirgt!
Auch wenn Sie keinerlei Erektionsschwierigkeiten haben,
ist eine gänzlich befreite Gemütsverfassung ohne Angst
und Hintergedanken wesentlich für Ihr Glück und für
Ihre Effektivität als Liebhaber.

Ich möchte Ihnen sogar empfehlen, sich ab und zu
mit Ihrer Partnerin dem »zweckfreien« Liebesspiel zu
widmen – gelegentlich sollten Sie als Ziel also nicht den
Orgasmus vor Augen haben. Eine zärtliche Unterhaltung,
das Streicheln des Partners ohne jede Bemühung um ein
bestimmtes Ziel – all das wird die beglückende, niemals

fordernde gegenseitige Hingabe Ihrer Beziehung verstärken. Es soll ein bereichernder Austausch sein. Und beim nächsten Mal können Sie es dann meinetwegen bis zur Bewußtlosigkeit treiben.

Die Gründe der vorzeitigen Ejakulation

Bei der vorzeitigen Ejakulation erfolgt der Samenerguß zu schnell, so daß die Partnerin nicht befriedigt wird. Leider scheint ein Mann diese sexuelle Verhaltensweise schon früh zu entwickeln. Viele Männer haben sich bereits in jungen Jahren an einen schnellen Erguß gewöhnt, weil sie Prostituierte aufsuchten, deren Hauptinteresse nicht in sexueller Befriedigung, sondern in einer möglichst schnellen Abfertigung der Kunden bestand. Prostituierte versuchen manchmal, sich darin zu überbieten, »den Kerlen so schnell wie möglich den Saft abzuzapfen«. Und die Männer tun ihnen häufig den Gefallen – zack, und vorbei ist die Sache!

Ein anderer Grund mag darin liegen, daß Jungen beim Masturbieren allein sein müssen. Sie haben Angst vor Entdeckung oder wollen den Verdacht der Eltern nicht erregen. Deshalb geben sie sich alle Mühe, »es« beim Masturbieren im Badezimmer schnell kommen zu lassen. Und allmählich haben sie dann soviel Übung, daß sie gar nicht mehr anders können.

Also, wenn Sie es mit der Hand oder eine schnelle Nummer bei einer Nutte machen, können Sie ruhig im Nu zum Orgasmus kommen, das ist gar nicht so schlimm.

Wenn Sie aber eine Frau *lieben* und gleichzeitig sexuell
befriedigen wollen, ist es ein ganz schönes Unglück. Die
Frau will beim Orgasmus schließlich noch Ihren Penis
in der Vagina haben, und sie hat kaum Zeit, zu einem
Orgasmus zu kommen, wenn Sie bereits nach wenigen
schnellen Stößen Ihr Pulver verschießen. Dann kann sie
die eigene sexuelle Erregung nicht abkühlen und ist unweigerlich enttäuscht. Da *Sie* jedoch ein einfühlsamer
Liebhaber sind, dem nichts entgeht, können Sie sie mit
den Händen oder dem Mund immer noch zum Höhepunkt bringen – trotzdem werden beide nie ein wirklich
vollkommenes Liebesleben führen können, solange der
männliche Partner nicht in der Lage ist, den Geschlechtsakt so zu verlängern, bis auch der weibliche
Partner zum Orgasmus (oder zu vielen Orgasmen)
kommt.

Die Unfähigkeit eines Mannes, seine Ejakulation so
lange zu bremsen, bis sein Mädchen befriedigt ist, verursacht ihm erst dann Kopfschmerzen, wenn sie ihn darauf
hinweist, daß auch *sie* Gefühle hat. Viele Frauen tun das
nie. Manche von ihnen sind der Meinung, sie hätten nicht
dasselbe Recht auf sexuellen Genuß wie ein Mann.
Manche bleiben stumm, weil sie glauben, stilles Dulden
und Martyrium seien nun mal das Schicksal der Frau.
Und manche sprechen es nie laut aus, weil sie in dem
Glauben erzogen wurden, Sex sei etwas Abstoßendes –
und je schneller ein Beischlaf vorbei sei, desto besser.

Aber die meisten Frauen sehnen sich nach sexueller
Erfüllung und leiden sehr, wenn ihr Liebhaber über sie
herfällt, nach ein paar Sekunden seinen Samen verspritzt

und sich dann auf die Seite legt und einschläft. Für die Freundin eines solchen Mannes besteht nicht viel Hoffnung – wahrscheinlich bildet er sich auch noch ein, er sei der größte Liebhaber aller Zeiten! (»Toll gebumst, Mann!«)

Fast ebenso traurig ist der Fall eines Mannes, der die Wünsche seiner Partnerin zwar kennt und erfüllen will, es aber einfach nicht schafft. Er versucht es mit allen Tricks, die er dem großen Buch für verlängerten Beischlaf entnommen hat:

Er masturbiert vorher eine Stunde lang.

Besprüht sich den Penis mit einem lokalen Betäubungsmittel, um die Reizempfindlichkeit zu verringern.

Zieht sich einen oder auch zwei Präservative über, die eigentlich gar nicht nötig wären.

Überredet die Partnerin, seinen Penis auf keinen Fall vor dem Eindringen in ihre Vagina zu berühren, damit er nicht schon vorher ejakuliert.

Versucht, an gar nichts zu denken, oder konzentriert sich krampfhaft auf Fußballergebnisse oder andere nichterotische Themen.

Rauft sich die Haare oder kaut an den Fingernägeln, um sich vom angenehmen Gefühl des Peniseinführens abzulenken.

Aber ach, seine Bemühungen sind fast immer vergebens. Und selbst wenn sie Erfolg hätten, wäre das trotzdem noch immer ein ziemlich mäßiger Sex. Ein Mann *will* schließlich, daß sein Penis gestreichelt wird, und er *soll* in Gedanken beim Liebesakt sein und nicht bei den Fußballergebnissen. Bestenfalls, also mit einer verständnisvollen Partnerin, wird es der vorzeitige Ejakulator schaffen, todunglücklich zu werden. Schlimmstenfalls, also mit einer Frau, die wegen seiner mangelnden Selbstkontrolle pausenlos auf ihm herumhackt, wird er impotent.

Wie man vorzeitige Ejakulation für immer verbannen kann

Im Gegensatz zur Impotenz handelt es sich bei der vorzeitigen Ejakulation glücklicherweise um eine Erscheinung, die hauptsächlich auf *körperlichen* Ursachen beruht. Das heißt allerdings nicht, daß man sie nur hinwegzuwünschen oder eine Pille dagegen einzunehmen braucht – aber sie läßt sich auf direkte Art und Weise beeinflussen. Mit anderen Worten: Sie können Ihren Körper trainieren, nicht mehr vorzeitig zu ejakulieren. Sie können lernen, Ihre Ejakulation zu kontrollieren.

Wie bei der Bekämpfung der Impotenz, muß die Partnerin sich auch hier an der »Kur« beteiligen. Im Interesse der zukünftigen Beziehung muß sie die eigenen Wünsche nach sexueller Befriedigung wiederum zeitweilig zurückstellen.

Um die vorzeitige Ejakulation unter Kontrolle zu bringen, wendet man die »Drucktechnik« an. Die Frau sitzt auf dem Bett, lehnt mit dem Rücken am Kopfende und spreizt die Beine. Der Mann liegt auf dem Rücken, hat den Kopf an ihre Füße und das Becken zwischen ihre Beine gelegt. Seine Beine liegen auf ihren. In dieser Stellung kann die Frau leicht an seinen Penis herankommen.

Sobald Ihre Partnerin Sie zu einer vollständigen Erektion gebracht hat, muß sie den »Druck« ausüben. Das tut sie, indem sie mit dem Daumen auf das Frenulum (das Vorhautbändchen an der ihr zugewandten »Unterseite« des Penis) und mit Zeige- und Mittelfinger auf beide Seiten der Furche drückt, die (an der ihr abgewandten Seite des Penis) zwischen Eichel und Penisschaft liegt. Sie muß Ihren Penis wie ein hohes Whiskyglas halten, aus dem sie gerade einen tiefen Schluck nehmen möchte. Sie drückt also mit dem Daumen und den beiden Fingern *ganz fest* zu. Drei bis vier Sekunden lang. Jedesmal, wenn sie das tut, geht Ihr Ejakulationsdrang umgehend zurück, und das wird Sie bestimmt überraschen. Vielleicht läßt gleichzeitig auch die Erektion ein bißchen nach, aber darüber brauchen sie sich weiter keine Sorgen zu machen. Nach ungefähr dreißig Sekunden darf Ihre Partnerin wieder beginnen, Ihren Penis zu streicheln. Sobald die Erektion wieder voll da ist, wiederholt sie den Druck. Und so weiter. Auf diese Weise können Sie praktisch unbegrenzt lange weitermachen, ohne einen Orgasmus zu haben. Es ist jedoch besser, sich beim ersten Versuch auf vier- bis fünfmal zu beschränken.

Im weiteren Verlauf des Trainings wird Ihre Partnerin bereits an Ihren Reaktionen erkennen können, wann sie den Druck anwenden muß. Und Sie selbst werden – vielleicht zum erstenmal in Ihrem ganzen Leben – fähig sein, Ihren Penis über längere Zeitabschnitte hinweg erigiert zu halten, ohne zu ejakulieren.

Nach einigen Tagen der Drucktechnik erreichen Sie das Stadium des »zweckfreien Eindringens«. Ihre Partnerin sollte ungefähr in Bauchnabelhöhe über Ihnen knien. Wenn sie sich in einem Winkel von 45 Grad über Sie beugt, kann sie sich den Penis mit Leichtigkeit einführen und ihn gleichzeitig sanft reizen.

Sie sollte Ihren Penis in ihrer Vagina behalten – *ohne sich dabei zu bewegen.* Dadurch können Sie sich dem großartigen Gefühl hingeben, in sie einzudringen, und Sie brauchen sich dabei keine Sorgen mehr zu machen, daß es zu früh vorbei sein könnte. Sobald Sie merken, daß Sie in der nächsten Sekunde ejakulieren werden, sagen Sie es Ihrer Partnerin sofort. Sie kann sich dann von Ihrem Penis lösen, den bewußten »Druck« anwenden und den Penis wieder bei sich einführen.

Nach ein paar weiteren Tagen dürfen Sie dann endlich anfangen, Ihren Penis in der Vagina Ihrer Partnerin hin und her zu bewegen. Seien Sie aber vorsichtig, stoßen Sie nicht zu heftig zu! Auch Ihre Partnerin darf erst dann einen rhythmischen Gegendruck ausüben, wenn Sie den Ejakulationszeitpunkt noch besser unter Kontrolle haben. Und binnen kurzer Zeit können Sie dann einen ganz normalen Beischlaf ausführen, ohne dabei an nichtsexuelle Dinge denken zu müssen. Bleiben Sie jedoch zunächst bei Positionen, bei denen Ihre Partnerin sich über Ihnen befindet (Näheres darüber im 8. Kapitel), denn wenn der Mann oben liegt, wird die Kontrolle der Ejakulation schwieriger.

Es ist wichtig, eine Zeitlang – mindestens eine Woche

hindurch – mit der Drucktechnik fortzufahren, obgleich Ihre geschlechtlichen Vereinigungen bereits jetzt ganz natürlich und spontan sein können. Die weitere Benutzung der Drucktechnik verhilft Ihnen nämlich zu einer perfekten Ejakulationskontrolle, die zum Muster Ihres Sexualverhaltens wird.

Ich empfehle Ihnen allerdings, sich während der Anwendung der Drucktechnik von einem Fachmann beraten zu lassen. Nicht, daß es gefährlich wäre, nicht, weil es nicht klappen könnte – nur weil Sie nach den ersten Erfolgen vielleicht ungeduldig werden und versuchen, zu schnell zum Ziel zu kommen. Ein kompetenter Fachmann kann Ihnen versichern, daß Sie sich am meisten helfen, wenn Sie das Training vernünftig dosieren.

Ich brauche Ihnen wohl nicht erst zu sagen, wie glücklich Sie sein werden, sobald Sie das Problem der perfekten Ejakulationskontrolle gemeistert haben. Durch Variation Ihres Ejakulationsverhaltens erreichen Sie schnell die Fähigkeit, Ihren Penis als erotisches Instrument allerersten Ranges einzusetzen und Ihre Partnerin von einem Orgasmus in den anderen zu treiben. Die Kontrolle ist wichtig für Sie, weil sie Ihnen verlängerten sexuellen Genuß beschert – aber für Ihre Partnerin ist sie noch wichtiger: Sie ist das Tor zur sexuellen Gleichberechtigung und zur umfassenden Befriedigung.

5

Machen wir's oder nicht?
Die Vor- und Nachteile der Masturbation

Ein Freund von mir behauptet, für ihn sei es der aufregendste Sexualakt, wenn er mit einer Frau auf dem Bett sitzt – das Licht muß natürlich an sein – und beide einander bei der Selbstbefriedigung zusehen.

»Es muß schon aufregend sein«, sagt er. »Alle Männer schämen sich, wenn die Rede auf Masturbation kommt, zumindest sind sie verlegen. Mich macht es deshalb erst richtig scharf, wenn meine Partnerin mir dabei zusieht. Es ist so wunderbar *unangenehm*. Wir siehlen uns geradezu in unserer Erniedrigung.«

Mein Freund ist natürlich ein Narr. Er verdient einen Haufen Geld damit, sich vor Publikum närrisch aufzuführen. Doch ist seine Aussage trotzdem ein wertvolles Zeugnis für jene vielgeschmähte Quelle erotischen Vergnügens – die Masturbation.

Masturbation ist beinahe dasselbe wie jede andere Art von Sex, nur daß man gewöhnlich keine Gesellschaft dabei hat. Darin liegen ihre Mängel und Tugenden.

Zunächst die Tugenden:

1. Sie führt zum Orgasmus. Und ein Orgasmus ist immer gut – ob man ihn nun zu Hause im Bett seiner Frau hat oder im Liegeabteil eines Greyhound-Busses, der einen quer durchs Land trägt.

2. Sie ist eine körperliche und seelische Entlastung – ein Mittel zur Lösung von Spannungen.

3. Sie steht jedem zur Verfügung – unabhängig von seiner körperlichen Erscheinung oder seinen Persönlichkeitsproblemen. Sie ist der demokratischste und egalitärste Sexualakt.

4. Sie ist eine Privatangelegenheit.

5. Sie erfordert keinen Partner, keine Zimmerbestellungen, keine Tischordnung – man braucht noch nicht einmal Möbel.

6. Sie läßt sich leicht ausführen, auch wenn man irgendwo steht.

7. Sie läßt sich schnell abtun – sie erfordert kein kompliziertes und zeitraubendes Vorspiel, durch das ein Partner erregt werden soll, und wenn man einen Orgasmus gehabt hat, dann ist es nicht nötig, noch eine halbe Stunde lang freundliche Redensarten auszutauschen.

8. Man ist nicht gezwungen, eine gute »Nummer« zu machen.

9. Sie steht einem fast *immer* zur Verfügung und erfor-

dert lediglich einen gewissen Grad von Alleinsein.

10. Sie ist unkompliziert – es gibt keine Auseinandersetzungen, keine Schmeicheleien, keine Heuchelei, kein Feilschen. Und man betrügt niemanden damit. Sie ist der einfachste Sexualakt.

11. Sie hat keine entmutigenden und katastrophalen Folgen – wie beispielsweise Geschlechtskrankheiten oder eine Schwangerschaft.

Und jetzt zu den Mängeln:

1. Sie kann krustige kleine Flecken auf Ihrem Laken, Ihrer Klosettbrille oder Ihren... Handschuhen hinterlassen.

2. Sie trägt nicht dazu bei, Ihren Bekanntenkreis zu vergrößern.

3. Sie kann auf Kosten Ihrer linken Hand die Muskeln Ihrer rechten Hand kräftigen.

4. Sie können in einem halböffentlichen Örtchen erwischt werden, wie Sie gerade masturbieren. Sehr peinlich!

5. Sie laufen Gefahr, Rekorde aufstellen zu wollen – wie weit und wieviel Sie ejakulieren können.

6. Ihr Vorrat an Klatschgeschichten wird dadurch nicht größer.

7. Sie ist nicht gerade abwechslungsreich (auch wenn Portnoy das Gegenteil behauptet).

Wenn Sie also die Vorteile gegen die Nachteile halten, dann sind die Gründe, die *für* Masturbation sprechen, bei weitem die stärkeren.

Das heißt nicht, daß man unbedingt einen *Grund* dafür haben muß. Jeder Knabe betätigt sich in dieser, wie er findet, »ausschweifenden« Weise, und die meisten Männer masturbieren ihr Leben lang, wenn sie keine andere Möglichkeit haben, ihren »Drang« loszuwerden. Und wenn Sie bedenken, daß die meisten Jungen bis vor kurzem noch in dem Glauben erzogen wurden, Masturbation sei eine Art »Selbstschändung«, die zu Wahnsinn, Schwächlichkeit, zu Pickeln und Verunstaltungen führt, dann können sie wahrscheinlich den unwiderstehlichen Reiz nachempfinden, den die Masturbation für die meisten Männer hat, denen keine Vagina für ihren Samenerguß zur Verfügung steht.

Vergegenwärtigen Sie sich einmal die Einstellung des Jungen, dessen Mutter ihn beim Masturbieren erwischt. »Hör augenblicklich damit auf«, kreischt sie, »sonst wirst du blind!« Der Sohn, ein gutmütiger Bursche, der seiner Mutter nur Freude machen will, erwidert: »Kann ich nicht wenigstens noch so lange weitermachen, bis ich eine Brille brauche?«

Masturbation ist nicht nur Jahrhunderte lang eine »Sünde« gewesen, Wissenschaftler und Theologen haben sie auch allen Ernstes mit Zauberkraft, Lepra, Rock'n' Roll, Kommunismus, Schizophrenie, Bartflechte, Zwergenwuchs und der Staatsverschuldung in Verbindung gebracht. Masturbation mußte für alles mögliche herhalten. Die meisten Krankheiten des Körpers, der Seele und der Gesellschaft sind auf ihren schädlichen Einfluß zurückgeführt worden.

Heute wissen wir natürlich Bescheid, und Ärzte und

Priester erklären uns, sie sei ganz in Ordnung, solange wir nicht *zu häufig* darauf zurückgreifen und sie nicht *zu sehr* mögen, solange wir uns darüber im klaren sind, daß sie *nicht so gut* oder *so gesund* ist wie Geschlechtsverkehr mit einer Frau.

Als Ergebnis dieser ambivalenten Einstellung zur Masturbation schämen sich die meisten Männer und Jungen noch immer ein bißchen, weil sie dieser Betätigung frönen. Ich meine, sie unterschreiben die Feststellung, daß die meisten Männer irgendwann einmal masturbieren, fangen aber zu stottern und zu stammeln an und geben ausweichende Erklärungen ab, sobald man sie fragt, ob *sie* masturbieren. Und das sind dann meistens dieselben Burschen, die sich mit ihren sexuellen Erfahrungen mit Frauen am häufigsten brüsten.

Ich erinnere mich noch sehr deutlich an einen Zwischenfall, der sich am allerersten Tag meines Eintritts in die Armee ereignete. Etwa zweitausend von den Rekruten hatten sich in einer großen Halle versammelt. Der Stabsarzt stand auf dem Podium, stellte sich vor und richtete die folgende Frage an uns: »Wieviel Männer in dieser Halle haben schon einmal masturbiert?«

Ein Murmeln lief durch die Reihen, ein paar Hände gingen in die Höhe, meistens von Burschen, die lustig zu sein versuchten. Daraufhin brüllte der Feldwebel: »Genau 95 Prozent aller Männer in dieser Halle haben schon einmal masturbiert. Und die restlichen 5 Prozent lügen!«

Männer machen es also auch weiterhin mit der Hand und haben deswegen weiterhin Schuldgefühle – zumindest

kommen sie sich dämlich vor. Hier ein paar Ansichten
über Masturbation, die Männer bekümmern:

1. *Vielleicht mache ich es zu oft. Eines Tages breche
ich zusammen.* In physischer Hinsicht ist die Antwort
hierauf einfach. Es ist unmöglich, *zu viel* zu masturbieren,
ebenso wie es auch unmöglich ist, zu viel mit einer Frau
zu schlafen. Wenn Sie körperlich erschöpft sind, wenn
Sie mit Ihren Gedanken woanders sind, dann kriegen Sie
sowieso keine Erektion. Entspannen Sie sich also. Wenn
Sie eine Erektion haben und gern einen Orgasmus hätten,
dann lassen Sie sich nicht zurückhalten. Ihr Körper sagt
ja. Haben Sie um Himmels willen keine Angst, weil Sie
gelesen haben, daß zweimal pro Woche oder einmal am
Tag normal ist. Jeder Mensch ist anders, nichts ist normal.
Kein Mensch sagt, daß jemand krank ist, nur weil er
seine Frau fünfzehn- oder zwanzigmal in der Woche her-
nimmt – er wird einfach nur als »Supermann« angesehen.
Das gilt auch für Masturbation. Wenn Sie es fünfmal täglich machen wollen – und wenn Sie es *können* –, dann
tun Sie es. Solange Sie keine Verabredungen versäumen
und keine Mahlzeiten auslassen, tun Sie es garantiert nicht
zu oft.

2. *Es ist antisozial.* Quatsch! Und wenn es so wäre
– na und? Wer sagt denn, daß Sie ständig sozial sein
müssen? Viele Leute in unserer »auf den Nächsten gerichteten«, nach Anerkennung heischenden Gesellschaft sind
von jeder Tat aufgebracht, die ein einzelner unabhängig
von seinen Mitmenschen vollbringt. Sie sehen Masturbation (oder nicht zu heiraten oder auch nur ein milder

Nonkonformist zu sein) als eine Art Narzißmus oder
»Eigenliebe« an. Darauf kann ich nur antworten: Jeder
von uns hat eine individuelle Persönlichkeit; wir kommen
alle einzeln aus einer Gebärmutter; etwas allein zu genießen, daran ist nichts Unmoralisches, Schädliches oder
Antisoziales.

3. *Wenn ich zuviel masturbiere, werde ich introvertiert.*
Wenn es so wäre, würde ich den meisten meiner Freunde
in Hollywood empfehlen, öfter zu masturbieren. Es
würde ihnen durchaus nicht schaden, etwas introvertierter
zu sein. Allerdings ist das ein logischer Trugschluß. Vielleicht masturbieren in sich gekehrte, scheue Männer regelmäßig, doch heißt das ja nicht, sie sind introvertiert, *weil*
sie masturbiert haben. Extrovertierte masturbieren
schließlich auch.

4. *Soweit ich weiß, sind die sexuellen Phantasien bei
der Masturbation ungesund.* Diese Bemerkung ist augenblicklich bei einigen »Experten« im Sexualbereich po-
pulär. Es mit der Hand zu machen, sagen sie, dagegen
ist nichts einzuwenden, aber nehmt euch vor den schmutzigen Phantasien in acht! Man komme dadurch in Teufels
Küche und verliere die Realität aus den Augen. Ich bin
zwar kein Experte, aber ich weiß, daß die meisten Männer
ihre Phantasien brauchen, um zum Orgasmus zu
kommen. Welche anderen sexuellen Stimuli gibt es bei
der Masturbation denn außer der Einbildungskraft? Falls
man nicht ganz leicht zu erregen ist, reicht eine Hand
allein doch bestimmt nicht aus. Die sexuellen Tagträume
beim Masturbieren sind durchaus gesund. Und je erre-

gender die Phantasie, desto besser ist gewöhnlich die Ejakulation. Lassen Sie Ihre Phantasie also getrost wuchern!

5. *Vielleicht mag ich es eines Tages zu sehr.* Was ist
denn daran falsch? Sie *sollten* es mögen. Je mehr, desto
besser. Reste von Puritanismus hängen uns noch immer
an – wir haben Schuldgefühle, wenn wir etwas genießen.
Doch schränkt nur ein Dummkopf oder ein Fanatiker
seine Fähigkeit zu harmlosem Vergnügen ein.

6. *Es ist nicht so gut wie Geschlechtsverkehr mit einer
Frau.* Na und? Kein Mensch hat Sie darum gebeten, den
heterosexuellen Geschlechtsverkehr durch Masturbation
zu ersetzen. Sie bietet lediglich eine außerordentlich befriedigende sexuelle Entspannung, wenn gerade einmal
keine Frau für einen Beischlaf zur Verfügung steht. Thun-
fisch ist nicht so gut wie Austern, doch das ist ja noch
lange kein Grund, weshalb Sie nicht *beides* genießen
sollten.

Kurz, Masturbation ist eine tolle Sache. Es besteht überhaupt kein Grund, sie abzuwerten oder sich ihretwegen
zu entschuldigen. Schließlich ist ein Penis doch ein sehr
ignorantes Stückchen Fleisch. Er kann einen Mund nicht
vom Anus und eine Hand nicht von einer Vagina unterscheiden. Er will einfach nur gerieben werden, während
Ihr Gehirn mit erotischen Vorstellungen stimuliert wird
– und er belohnt Sie mit einem unglaublichen Gefühl
von Vergnügen und Entspannung.

Masturbation ist ein vergnüglicher Akt, den Sie bis an
Ihr Lebensende praktizieren können. Sie ist eine unserer

besten Möglichkeiten, Spannungen zu lösen. Und sie ist
für einen selbst und für die Gesellschaft völlig harmlos.
Es sei denn natürlich, Ihre Ohren fielen plötzlich ab*.

---

* *Anmerkung für diejenigen, die alles wörtlich nehmen:* Ignorieren
Sie den letzten Satz. Das soll nur ein Witz sein – Der Herausgeber.

6

Wo man Frauen trifft
und wie man sie kennenlernt

Das Dasein des sinnlichen Mannes basiert auf einer stillschweigenden Voraussetzung – er muß eine, zwei oder mehr Partnerinnen haben, mit denen er sich den gewöhnlichen, den ungewöhnlichen, auf jeden Fall aber den äußerst erfreulichen Praktiken hingeben kann, die hier beschrieben werden. Denn was sind die ganzen Ratschläge wert, wenn man keine Partnerin hat, mit der man sie erproben kann? Sie haben inzwischen die Sinnlichkeitsübungen absolviert, alle Hemmungen vertrieben, Ihren Tastsinn perfektioniert und ihre Sextechnik vervollkommnet – und sitzen unter Umständen mutterseelenallein in Ihrer Bude und platzen förmlich vor überschüssiger Sinnlichkeit.

Was kann ich in diesem Fall für Sie tun? Soll ich vielleicht ein Buch über den SINNLICHEN EREMITEN schreiben? Ein sinnlicher Mann ohne Partnerin erinnert einen unwillkürlich an die Worte von Doktor Frankenstein: »Mein Gott, ich habe ein Ungeheuer in die Welt gesetzt.« Wir wollen also auch dieses Problem lösen und Ihnen eine passende Bettgefährtin verschaffen – wenn Sie gerade keine haben.

Lassen Sie mich vor den praktischen Ratschlägen zunächst auf eine erfreuliche und dann auf eine weniger erfreuliche Tatsache hinweisen. Zuerst das Erfreuliche: In den Vereinigten Staaten gibt es mehr Frauen als Männer. Also brauchen sich vom Sex besessene Herren keine Sorgen um Nachschub für ihre Betten zu machen. Und jetzt das Unerfreuliche: Warum es mehr Frauen als Männer gibt? Weil sie länger leben als wir – ein beträchtlicher Teil des Nachschubs ist also mehr als siebzig Jahre alt.

Soweit zum sogenannten Frauenüberschuß. Unser »Jagdrevier« läßt sich genauer umreißen, wenn wir die sehr alten und die sehr jungen (die unter fünfzehn, doch seien Sie vorsichtig!) Frauen ausklammern, außerdem die kriminell Irren, die zeitweilig Kranken, die Rauschgiftsüchtigen, die Alkoholikerinnen (es sei denn, Sie haben einen Hang zum Masochismus, sind Krankenpfleger oder Weltverbesserer aus Leidenschaft), die berufsmäßigen Prostituierten und die hartnäckigen Frauenrechtlerinnen. Außerdem lassen wir die verkalkten Jungfern, die überzeugten Lesbierinnen und die militanten Anhängerinnen der Befreiungsbewegung der Frauen aus. Und endlich sollten wir auch die verheirateten Frauen ausscheiden –

und zwar aus Vernunftgründen. Was bleibt? Meine erste Schätzung, die keinen Anspruch auf Vollständigkeit erhebt, weist darauf hin, daß es immer noch genug Frauen gibt, die gerade *für einen Mann wie Sie* ideal sind.

Eine bisher noch nie beschriebene Geheimtechnik für das Kennenlernen von Frauen, die zu haben sind

Glauben Sie mir, es *gibt* Frauen, die zu haben sind, die zu Ihrer Persönlichkeit passen, für Ihre Sinnlichkeit empfänglich sind und auf Ihre Annäherungsversuche eingehen. Den besten Beweis dafür liefern die vielen an Frauen gerichteten Artikel und Bücher zum Thema »Wo man Männer kennenlernt« (auch betitelt »Wie angle ich mir einen Mann«).

Es gibt genauso viele Frauen, die auf der Jagd nach einem Mann sind, wie umgekehrt, wahrscheinlich sogar *mehr*, weil viele Frauen heiraten wollen, bevor es »zu spät« ist. Der einzige Unterschied ist der, daß Frauen bei der Jagd nicht so offen vorgehen können wie Männer, obgleich sie oftmals die schwereren Hindernisse überwinden müssen.

Mein erster Ratschlag für Männer, die eine aussichtsreiche Bettgefährtin suchen, lautet also: Kaufen Sie ein paar Frauenzeitschriften und ein oder zwei Bücher (wie beispielsweise *Die sinnliche Frau* der Autorin »J«).

Richten Sie Ihre Aufmerksamkeit auf den Abschnitt »Wo man Männer kennenlernt«, prägen Sie sich ein, wo man angeblich Männer findet, die noch zu haben sind, und gehen Sie *dorthin.*

Die Frauen warten schon auf Sie. Achten Sie auf die besonders sorgfältig gekleideten, die allein oder mit einer Freundin gekommen sind – auf die, die sich in einer Bar für Alleinstehende nach jedem männlichen Neuankömmling den Hals verrenken, die im Museum verzückt vor undefinierbaren abstrakten Plastiken ausharren, oder auf die, die im Park so lange die Tauben füttern, bis die bedauernswerten Tiere anfangen zu schwanken und Puffreis und Brotkrumen wieder von sich geben. Solchen Frauen kann man sich getrost nähern.

Gelegenheitsbekanntschaften

Wenn Sie an eine Frau *rankommen*, haben Sie zumindest die Chance, auch in sie *reinzukommen*. Und da Frauen sich heutzutage »im großen und ganzen« überall frei bewegen können, ohne mißbilligende Blicke zu riskieren, hat jeder einigermaßen gut aussehende Mann mit einem gewissen Maß an Zivilcourage die Möglichkeit, mit einer vollkommen Fremden anzubändeln. Er braucht sich einfach nur so charmant und unaufdringlich wie möglich in ihre Angelegenheiten einzumischen und die so geknüpfte Bekanntschaft zu seinem Vorteil auszubauen.

Einfacher gesagt, er muß ihr einen Köder hinwerfen und abwarten, ob sie anbeißt.

Sind Sie kaltschnäuzig genug, um ein Mädchen anzusprechen? Die meisten Männer sind es, offen gestanden, nicht. Doch wenn Sie es sind, stehen Ihnen unbegrenzte Möglichkeiten offen. Sie können eine Frau auf der Straße, im Kaufhaus, in Bars und Restaurants, auf Partys, im Bus, im Flugzeug (dort vor allem die lohnendste aller Gelegenheitsbekanntschaften: die Stewardess), beim Tennis, im Fahrstuhl, in der Automatenwäscherei, an der Tiefkühltruhe des Selbstbedienungsladens, im Park und natürlich auch am klassischen Ort des Kennenlernens – im Museum – ansprechen.

Das Erfolgsgeheimnis beim Kennenlernen einer Frau ist der *Köder.* Er muß glaubwürdig sein – oder aber derart unglaubwürdig und ungewöhnlich, daß er amüsant und verlockend wirkt. Er soll unverfänglich genug sein, um Unsicherheit oder alarmierende Lustgefühle zu kaschieren, er darf auf keinen Fall so auffällig und weit hergesucht sein, daß er schon von weitem nach Unehrlichkeit und Vulgarität riecht. Und er sollte einen eingebauten Zeitfaktor besitzen, der seine Wirkungskraft einschränkt – ein Köder sollte von kurzer Dauer sein. Vermeiden Sie alle Gespinste, an denen man während der gesamten Dauer der betreffenden Beziehung weiterstricken muß. Eine Affäre, die auf Betrug basiert, hat ein sehr schwaches Fundament, und außerdem werden Sie nervös, wenn Sie sich pausenlos vor der selbstgestellten Falle in acht nehmen müssen. Dann haben Sie keinen Spaß mehr an der Sache.

Hier ein paar typische »Köder«, die schon so oft erfolgreich gewesen sind, daß man sie getrost als vorzügliche
Hilfsmittel für Annäherungsversuche betrachten darf. Beachten Sie, daß nicht alle Köder ausschließlich auf Worten,
sondern eher auf Situationen beruhen, die von der Frau,
auf die Sie es abgesehen haben, eine Reaktion verlangen.

In einem überfüllten Bus

Sie treten ihr auf den Fuß.

sie: Auuw!

Sie: Oh, es tut mir furchtbar leid!

Sie treten ihr noch einmal auf den Fuß.

sie: Auu! Ich muß doch *sehr* bitten!

Sie (rot werdend): Oh, entschuldigen Sie bitte, verzeihen
Sie mir! Normalerweise bin ich nicht so ungeschickt. Ich
muß meine Beine erst wieder daran gewöhnen, daß ich
an Land bin und nicht mehr auf der Yacht.

sie (mit aufgerissenen Augen): Sie haben eine *Yacht?*

Sie: Wieso, segeln Sie gern?

Achten Sie darauf, daß Sie nicht behaupten, *Sie* besäßen
eine Yacht. Wenn sie Sie später festnageln will, können
Sie immer noch sagen, die Yacht gehöre Ihrem Freund
Ari – und der befände sich gerade auf einer Reise um
die Welt.

Auf einem überfüllten Bürgersteig

Sie (die Arme zur Begrüßung erhoben): Mary O'Malley,
bist du's denn wirklich? Drei Jahre, drei lange Jahre!
Du bist hübscher denn je . . .

Dieser Köder ist so alt und so leicht zu durchschauen,

daß er bereits glaubwürdig geworden ist. Tun Sie überaus verwirrt und verlegen, wenn sie bestreitet, Mary O'Malley zu sein. Fragen Sie aber auf jeden Fall: »Also, wenn Sie nicht Mary O'Malley sind, wer sind Sie *dann*?«

Im Museum

Starren Sie fünf Minuten lang auf ein abstraktes Bild.

Sie: Ich verstehe nicht viel von Kunst, aber ich weiß, was mir gefällt.

sie: Ich auch nicht. Ich glaube nicht, daß ich es verstehe.

Verlegenes Schweigen. Gehen Sie zur nächsten grotesken Büste und wiederholen Sie das Ganze. Und wenn Sie Ihre Verwirrung eine Stunde lang mit ihr geteilt haben . . .

Sie: Im Zoo fühle ich mich wohler. Da weiß ich wenigstens, woran ich bin.

sie: Oh, gehen Sie auch so gern in den Zoo?

Sie: Ich finde es herrlich. Wissen Sie, der Kinderzoo ist hier ganz in der Nähe. (Schüchtern) Wollen wir hingehen?

sie: Ich glaube, das würde *wirklich* Spaß machen...

Wenn der Zoo Ihres Ortes ein Affengehege besitzt, führen Sie sie sofort dorthin. Affen treiben in der Öffentlichkeit die skandalösesten Dinge.

Im Selbstbedienungsladen

Sie: Entschuldigen Sie bitte, wissen Sie, wo ich tiefgekühlten Waschbär finde?

sie: (überrascht): Was . . .?

Sie: Tiefgekühlten Waschbär. Eins von diesen Fernsehrezepten.

sie: Oh, Sie machen sich lustig . . .

Sie: Ich hab's zuerst auch nicht geglaubt ... (lachend)
... aber ein Kollege in der Schallplattenfirma, in der ich
arbeite ...

Bei diesem Köder brauchen Sie ein gewinnendes Wesen.
Seine Stärke liegt darin, daß er witzig, ungewöhnlich und
schon auf den ersten Blick als Annäherungsversuch zu
erkennen ist. Achten Sie wie beim ersten Beispiel darauf,
sich von Anfang an durch Angabe des Berufes, der Interessen oder des ungefähren Einkommensniveaus zu erkennen zu geben. In Sekundenschnelle können Sie sich
dadurch als faszinierenden und begehrenswerten Junggesellen ausweisen.

Im Museum, zweite Folge

Starren Sie fünf Minuten ununterbrochen ein abstraktes
Bild an, nicken Sie dann und schnalzen Sie ein paarmal
mit der Zunge.

Sie: Sogar mein fünfjähriger Bruder versteht mehr von
Linie und Perspektive.

sie (mit hochgezogenen Augenbrauen): Mehr als Klee?

Sie: Glauben Sie mir etwa nicht? Dann schauen Sie sich
einmal das hier an (sie ziehen eine zusammengefaltete
Kohlezeichnung mit Stadtsilhouette aus der Tasche)!
Haben Sie jemals eine derart harmonische Kombination
aus handwerklichem Können und visionärer Inspiriertheit
gesehen...

Wenn Ihr kleiner Bruder viel schlechter als Klee ist,
wird dieser Köder ziemlich wackelig. Doch vielleicht aber
auch nicht, denn wahrscheinlich versteht sie nicht viel
von Kunst. Schließlich hat sie ein Buch wie *Die sinnliche*

Frau ins Museum geschickt, damit sie sich um einen Mann bemüht, nicht um Kultur.

In der Schlange vor dem Kartenschalter

Sie: Entschuldigen Sie, ich möchte nicht aufdringlich sein, aber waren Sie nicht die Empfangsdame der dreizehnten Etage des MGM-Gebäudes?

sie: Nein, ich fürchte, Sie verwechseln mich.

Sie: Das tut mir aber leid. (Schweigen) Ach, ich glaube übrigens, sie hatte braunes Haar. Und ihre Figur war anders . . .

sie: Ist das nicht ein ziemlich alter Trick?

Sie: Meinen Sie, ich würde mich mit solchen faulen Tricks an Sie ranmachen?

sie: Na, was soll ich Ihrer Meinung nach denken?

Sie: Hören Sie, ich habe im *Sinnlichen Mann* gelesen . . .

Dieser Annäherungsversuch wird nur bei einer sehr belesenen und aufgeschlossenen Dame Erfolg haben. Beachten Sie auch, daß er einen doppelten Zweck erfüllt – Sie machen sich bekannt und haben gleichzeitig Gelegenheit, den ersten kleinen Streit zu schlichten.

Im Park

Lassen Sie sich ins Gras fallen, keuchen Sie, zappeln Sie mit den Beinen, greifen Sie sich an den Hals, als hätten Sie Ihre Zunge verschluckt.

sie (rennt herbei): Um Himmels willen, was ist passiert? Stimmt etwas nicht?

Sie (setzen sich keuchend auf): Ich glaube, es geht schon besser.

sie: Kann ich irgend etwas für Sie tun?

Sie (schütteln den Kopf): Nein danke . . . es geht mir schon besser. Mir ist ein Stück Wurst in die Luftröhre gekommen.

sie: Wie schrecklich!

Sie: Ohhh. . . (atmen tief ein) . . . Jetzt ist es besser.

sie: Sind Sie ganz sicher, daß Ihnen nichts fehlt?

Sie: O ja, mir fehlt bestimmt nichts, glaube ich. Es war sehr mutig von Ihnen, einen fremden Mann im Park anzusprechen, der sich zu Tode keucht.

sie (wird rot): Nein, das war ganz selbstverständlich.

Sie: Doch, doch, seien Sie nicht so bescheiden. (Sie stehen auf und klopfen sich Grashalme vom Anzug.) Heutzutage kümmert sich doch niemand mehr um seinen Nächsten, man findet selten einen Barmherzigen Samariter . . .

Dieser Köder ist natürlich ziemlich theatralisch. Man sollte sich dabei auf jeden Fall gut anziehen. Einem schäbig gekleideten Mann, der sich im Park wälzt, nähern sich nur wenige Frauen. Und ein Hund an der Leine würde Ihrer Retterin in spe außerdem garantieren, daß Sie ein warmherziger Mensch sind und irgendwo in der Nähe ein Dach über dem Kopf haben. (Nehmen Sie einen mittelgroßen, seelenvollen und etwas melancholisch wirkenden Hund. Ein großer könnte entweder Sie oder Ihre neue Bekannte angreifen, und ein allzu zärtlicher Hund würde Sie zu Tode lecken, bevor Sie die Komödie zu Ende gespielt haben.) Vergewissern Sie sich vor allem gleich zu Anfang, daß keine Polizisten oder Ärzte in den nahe gelegenen Büschen lauern. Schließlich wollen Sie sich ja nicht den Magen auspumpen lassen.

Vor einem Apartmenthaus

Sie brüten über einem schmuddeligen Stück Papier in Ihrer Hand und starren dann zu der Hausnummer auf.

Sie (werden rot): Entschuldigung, aber wissen Sie vielleicht, wo ich hier West Arcane Nummer 1523 finde?

sie: 1523? Ich glaube nicht, daß es hier die Nummer 1523 gibt. Das hier ist 1521 und nebenan ist 1525 . . .

Sie: Vielleicht ist es East Arcane Nummer 1523.

sie: Bestimmt, das muß es sein . . .

Sie: Ach nein, hinter der Walnut geht East Arcane gleich in die East Partidge Row über, also muß es doch *West* Arcane sein.

sie: Vielleicht ist es West *Acorn,* was meinen Sie?

Sie: Nein, ich erinnere mich genau, daß er *Arcane* gesagt hat. Vielleicht stimmt die Nummer nicht! Sieht das hier wie eine 1 oder wie eine 3 aus? (Sie zeigen ihr das Stück Papier) Leider schon ziemlich lädiert . . .

sie: Oh, ich glaube, es ist eine 1. Die Schrift ist ziemlich krakelig, sieht beinahe so aus, als hätte man es im Bus geschrieben . . .

Sie: Dann ist es doch 1521. Also *Ihr* Haus. Kennen Sie einen Robert Endive?

sie: Nein, ich glaube nicht, daß jemand mit dem Namen hier wohnt . . .

Unterhaltungen dieser Art können so lange fortgesetzt werden, bis sich eine Gelegenheit bietet, sich persönlich vorzustellen. Und auch wenn Sie bei diesem ersten Annäherungsversuch noch nichts erreichen, können Sie sich von Zeit zu Zeit in der Gegend blicken lassen und ihr von der anderen Straßenseite aus freundlich zuwinken, bis Sie zu einem vertrauten Gesicht geworden sind und sich eine neue Gelegenheit ergibt, die Auserwählte besser in den Griff zu bekommen.

Auf einem überfüllten Bürgersteig

Sie gehen zu schnell um die Ecke, rempeln sie an und stoßen ihre vierzehn Geschenkpakete aus dem Arm, die jetzt über den Bürgersteig rollen.

Sie: Du meine Güte, entschuldigen Sie bitte! Es tut mir aber schrecklich leid ...

sie (leicht gereizt): Schon gut, aber wenn Sie mir ...

Sie: Selbstverständlich! (Sie hüpfen auf dem Bürgersteig hin und her und sammeln Päckchen ein.) Hier, Hier! Hier ist noch eins! Nein, nein, lassen Sie mich nur ... (Sie schieben *Ihr* kleines Päckchen zwischen die anderen auf ihrem Arm; Sie haben es eigens für diesen Zweck gekauft – der Inhalt hat nur 1.50 DM gekostet, obenauf aber liegt Ihre *Visitenkarte.* Dann ziehen Sie den Hut und machen sich davon.) Es tut mir wirklich sehr leid ...

Wenn sie ehrlich ist, ruft sie die auf der Karte angegebene Telefonnummer an, um Ihnen Ihr Päckchen zurückzugeben. Sie werden dann natürlich überglücklich sein, weil das wertvolle Geschenk gefunden ist, und bieten ihr an, gleich einmal vorbeizukommen, um es abzuholen. Und sobald es wieder in Ihrem Besitz ist, werden Sie Ihrer Dankbarkeit durch eine Einladung ins Theater, zum Essen oder zu irgendeiner anderen Sache ausdrücken, bei der Sie Ihrem Ziel näher kommen können.

Wie Sie sehen, kommt es gar nicht so sehr darauf an,

was Sie sagen oder tun, sondern darauf, *wie* Sie es sagen oder tun. Jemand, der wirklich geübt vorgeht, kann ein Mädchen auch dann aufgabeln, wenn er eine fremde Sprache spricht. Das Talent beruht nämlich hauptsächlich auf der persönlichen Ausstrahlung und auf dem Charme, der schon auf den ersten Blick zu spüren ist. Wenn Sie Charme und Ausstrahlung besitzen, dann wenden Sie auf jeden Fall beides an!

Wenn Sie beides nicht haben, also die Persönlichkeit, die jede Frau in Sekundenschnelle in ihren Bann zieht, dann ist die Arena der Öffentlichkeit eigentlich nicht das geeignete Jagdrevier für Sie, um eine Frau kennenzulernen. Sie brauchen einen intimeren und natürlicheren Kontakt mit einer Frau, damit Ihre guten Eigenschaften ans Tageslicht kommen.

Verzweifeln Sie nicht. Auch Ihre Anforderungen können erfüllt werden.

7

Die Suche nach der idealen Frau

Es ist Ihnen ja klar, daß Sie nicht nach irgendeiner Frau
Ausschau halten. Vielmehr suchen Sie nach einem bestimmten Frauentyp, der Sie anspricht – körperlich, seelisch und/oder intellektuell. Als erstes müssen Sie sich
also von Ihrer idealen Partnerin eine Art geistige Vorstellung machen. Seien Sie dabei jedoch realistisch. Lassen
Sie vor Ihrem geistigen Auge nicht etwa eine Filmgöttin
oder eine mythische Superjungfrau auf einem Podest erscheinen. Und wenn Sie schon einmal dabei sind, dann
überlegen Sie sich auch, welche Frau sich eventuell für
Sie interessieren könnte. Dazu ist allerdings eine ehrliche
und kritische Selbsteinschätzung nötig, doch wenn Sie
wirklich über sich Bescheid wissen, ist Ihre Chance
größer, Ihr weibliches Gegenstück zu finden.

Versuchen Sie beispielsweise einmal, Ihren Typ zu »besetzen«. Sind Sie ein ganzer Kerl oder eher ein Seelchen? Sind Sie ein Verstandesmensch? Halten Sie sich für einen Partymenschen oder finden Sie, daß Sie ein weltabgewandtes Dasein führen? Sind Sie jemand, dessen Leben sich weitgehend außerhalb der eigenen vier Wände abspielt? Sind Sie ein strebsamer, konservativer Brotverdiener? Sind Sie Bankier, Versicherungskaufmann oder eine *Country-Club*-Typ? Sind Sie »flatterhaft«, tanzen Sie sorglos durchs Leben? Oder sind Sie eine Vaterfigur? Sind Sie ein Poet oder sonst jemand, der zu tiefen seelischen Empfindungen fähig ist? Sind Sie ein Romantiker? Oder ein Politiker? Ein Märtyrer? Ein Arbeiter?

Welcher Typ Sie auch sein mögen, es gibt eine Menge Frauen, die gerade ihn suchen. Viele Frauen sehnen sich nach dem Komfort, der Sicherheit und der Respektabilität, die Sie ihnen als – sagen wir mal – erfolgreicher Versicherungsmakler anbieten können. Und sie werden Sie dem blitzenden, charmanten, doch launenhaften und verantwortungslosen Sexbuch-Schreiber jederzeit vorziehen. Und bilden Sie sich nicht etwa ein, Sie wären gegenüber dem muskelstrotzenden Fußballspieler, mit dem Sie zur Schule gegangen sind, im Nachteil. Es mag ja sein, daß die Hurramädchen bei seinem Anblick in Ohnmacht gefallen sind (die stehen auf dem Typ), doch die meisten Mädchen in Ihrer Klasse haben ihn für einen eitlen, gefühllosen, muskelbepackten Tölpel gehalten.

Jede Frau sucht in einem Mann nach etwas anderem. Manche schwärmen für Intellekt, manche für Zärtlichkeit, manche für Fähigkeiten im Haushalt, manche für Frömmigkeit, manche für Witz, manche für Beständigkeit, manche für Gesellschaft, manche für schöpferische Fähigkeiten und manche – leider zu viele – für Geld.

Hier liegt das Problem. Viele Männer haben Berufe oder treiben sich in Kreisen herum, die mit ihrem wahren Wesen eigentlich nichts zu tun haben (zu viele Dichter verkaufen Schreibmaschinen). Und sie laufen nur selten dem Frauentyp über den Weg, der auf ihre spezielle Art anspricht. Ich hatte das Problem auch. Einen Großteil meines Lebens habe ich in Schauspielerkreisen verbracht, umgeben von hübschen, extrovertierten Schauspielerinnen. Nun bin ich aber unglücklicherweise von Natur aus ein sachlicher, in mich gekehrter Mensch und könnte mich eher mit einem Pavian als mit einem durchschnittlichen Starlet unterhalten.

Doch hat mich der Mangel an attraktiven Aussichten in meinem Berufsleben nicht zurückhalten können. Ich bin zufällig ein Musikliebhaber, und so mache ich mich also bei Konzerten und bei Musik-Festivals auf Mädchenjagd – natürlich jage ich nicht unter den Musikern, sondern im Publikum. Ich gehe davon aus, daß eine Frau, die von derselben Musik bewegt ist wie ich, auch so ungefähr auf derselben Wellenlänge liegt wie ich. Und gewöhnlich ist das der Fall.

Denken Sie also nach! Was ist in Ihrem Leben wirklich wichtig? Politik? Dann können Sie vielleicht bei einer Frau landen, die Ihre Wahlleidenschaften teilt, vielleicht bei einer, die Sie im Organisationskomitee der Kampagne Ihres Kandidaten kennenlernen. Oder sind Sie von Ihrer Psyche gefesselt? Dann machen Sie bei einer Gruppentherapie mit, oder gehen Sie zu Treffen Gleichgesinnter. Sind Sie religiös veranlagt? Schließen Sie sich einer kirchlichen Gruppe an. Lieben Sie Weihnachtsmusik? Treten Sie in eine Kapelle der Heilsarmee ein – vielleicht läuft Ihnen *die* Frau über den Weg, und ehe Sie sich's versehen, sind Sie nach einer angemessenen Verlobungszeit von schätzungsweise zwölf Jahren verheiratet.

Wenn Sie Frauen kennenlernen wollen, dann hat das Eintreten in irgendeinen Verein ja den Vorteil, daß sie vorher niemanden zu kennen brauchen. Sie werden Frauen begegnen, die Ihre Interessen und Ansichten teilen, sie lernen einander ohne die schlimmen Begleitumstände kennen, die eine Straßenbekanntschaft oder eine »blinde« Verabredung mit sich bringen, und Sie können natürlich wieder austreten, wenn Sie keinen Erfolg haben.

Der Nachteil einer solchen Vereinsmitgliedschaft ist, daß Sie eventuell Beiträge zahlen, an Versammlungen teilnehmen und viel Zeit aufwenden müssen, um ein paar Chancen im Auge zu behalten, die sich schließlich als Reinfall herausstellen. Sie begegnen vielleicht Frauen, die Ihnen *zu* ähnlich sind (Sie wollen ja auch nicht das genaue Pendant zu sich haben – eine Frau sollte doch eine gewisse Fremdartigkeit und ein paar Geheimnisse aufweisen). Vielleicht verwandeln Sie sich in einen zwanghaften »Anhänger«. Oder Sie enden, ohne es zu wissen, als Mitglied eines kommunistischen Geheimbundes, und Ihr Telefon wird vom Geheimdienst überwacht (vielleicht verabreden Sie sich sogar mit einer *Agentin* vom BND)!

Wenn irgend möglich, dann geben Sie sich mit einer Tätigkeit ab, die Sie ausfüllt, selbst wenn Sie dabei keine

attraktive und potentielle Bettgefährtin treffen. An einem
Kursus in einem College teilzunehmen, ist an sich schon
eine gute Sache, während Sie dadurch gleichzeitig Gelegenheit haben, intelligente alleinstehende Frauen aufzugabeln. Und Sie sollten auch ruhig einmal in eine Volks-
hochschule hineinsehen, wenn es in Ihrer Gegend eine
gibt. Dort gibt es meist billige und ganz zwanglose Kurse.
Die Atmosphäre in solchen Klassen führt an sich schon
zu intimen Kontakten mit attraktiven Lernbegierigen. Ich
würde allerdings trotzdem Vorsicht anraten. Der Kursus,
der als »Gruppentherapie« angepriesen wird, könnte sich
plötzlich als Tastgruppe für Nudisten herausstellen, bei
dem Sie nur »Fremde« antreffen. Und mit Fremden meine
ich hier Fremdartige. Verstanden?

Inzwischen gucken Sie sich auch weiterhin auf Partys
nach einer Frau um. Wenn Sie witzig, ein guter Geschich-
tenerzähler oder ein Dichter sind, dann machen Sie alle
Cocktailpartys mit. Wenn Sie eine Sportskanone sind,
dann nehmen Sie an entsprechenden gesellschaftlichen Er-
eignissen teil und faszinieren Sie jeden mit Ihrem Bericht
eines siegreichen Tennismatches. Wenn Sie leichtfüßig
sind, gehen Sie zu so vielen Tanzveranstaltungen, wie
Sie ertragen können – und tanzen Sie nicht nur mit *einer*
Partnerin. Am besten sind natürlich unkonventionelle Begegnungen bei Freunden. Dort können Sie Frauen in einer
Atmosphäre treffen, die frei ist vom »Druck der Verabredung«.

Und schließlich können Sie sich auch auf die kuppleri-
schen Fähigkeiten Ihrer Freunde verlassen. Allerdings
kann das auch nicht ganz ungefährlich sein, denn Ihre

Freunde sind vielleicht der Meinung, ein Mädchen zu kennen, das absolut perfekt für Sie ist, und siehe da, es ist – o Schreck – Elsa Lanchester aus *Frankensteins Braut*. Andererseits – muß denn an dem Mädchen nicht etwas dran sein, wenn Ihre Freunde es mögen? Was haben Sie denn außer ein paar Stunden, Ihrer Würde und Ihren Freunden zu verlieren? Vielleicht treffen Sie tatsächlich auf ein wahres Juwel von Mädchen – das nicht nur schön, charmant, intelligent, warmherzig und sexy ist, sondern auch noch bumst wie ein Karnickel. Wenden Sie sich also nicht gleich von Ihren hilfreichen Freunden ab, es sei denn, sie hätten ihre Unfähigkeit als Kuppler klar bewiesen.

Ich an Ihrer Stelle würde »blinde Verabredungen« allerdings vermeiden, falls Sie nicht einen außergewöhnlich guten Magen und ein unbegrenztes Verständnis für Langeweile haben. Vielleicht habe ich auch immer nur Pech gehabt – denn schließlich habe ich Hunderte von Geschichten über »blinde Verabredungen« gehört, bei denen es auf Anhieb geklappt hat und deren Beteiligte später geheiratet haben und seitdem glücklich zusammen leben –, doch habe ich mir bei so etwas immer nur die Finger verbrannt. Zu meinen denkwürdigsten blinden Verabredungen gehören folgende:

1. Ein 170 Pfund schwerer weiblicher Leichtathletikstar, der pausenlos meinen Bizeps betastete und allerlei Vermutungen über meine Bestzeit im 400-Meterlauf anstellte.

2. Eine sehr hübsche Gymnasiastin, die behauptete, ihr Großvater sei der Gründer der Roto-Rooter GmbH

gewesen, und mir alles beibrachte, was ich über Abflußka-
näle, Wasserrohre und Sickergruben weiß.

3. Eine fromme Studentin, die mich wegen einer Bemerkung über einen frühen Papst geohrfeigt und einen
»Antichrist« genannt hat.

4. Ein Mädchen, das ein ganzes Paket Kaugummi auf
einmal kaute.

5. Eine Frau (eine von diesen Quasselstrippen), die die
ganze Zeit unseres Zusammenseins damit zubrachte, mir
ihren idealen Mann zu beschreiben – der mit mir aber
auch rein gar nichts gemein hatte – und den Durchschnittsmann als sexbesessene Bestie zu denunzieren.

Blinde Verabredungen, zu dem Schluß bin ich gekommen,
sind aus einem ganz bestimmten Grund blind. Und gewöhnlich aus einem *guten* Grund. Wenn meine Freunde
mich also mit einem heiratsfähigen weiblichen Wesen bekannt machen wollen, dann lasse ich sie eine kleine Party
arrangieren. Sie laden das Mädchen ein. Sie laden mich
ein. Und wenn kein Funke überspringt, ist nichts verloren
– wir können uns noch immer mit unseren Freunden
unterhalten.

Rechnen Sie also einmal die Wahrscheinlichkeit nach.
Wenn Sie allen Clubs beitreten, nächtliche Kurse machen,
ins Theater und Konzert gehen, an jeder Party teilnehmen
und jede Frau kennenlernen, die ihre Freunde in den Ring
werfen, dann müssen Sie *zwangsläufig* ein paar treffen,
die Ihren Vorstellungen annähernd entsprechen. Und
wenn Sie dann eine Frau im Visier haben, lesen Sie dieses
Buch noch einmal aufmerksam durch; führen Sie sie an

einen romantischen Ort und lassen Sie Ihrer neuent-
deckten Sinnlichkeit freien Lauf.

Sie werden unglaublich sein. Du lieber Gottt, ich wette,
Sie erkennen sich nicht wieder.

8

Wie man eine Frau in Ekstase versetzt

Nehmen wir einmal an, Sie hätten die ideale Frau für sich gefunden – oder zumindest eine Frau, die so lange gut genug ist, bis Ihnen die *ideale* über den Weg läuft – dann wird es Zeit, daß Sie lernen, sie zur beiderseitigen Zufriedenheit zu lieben und Ihre völlige *Ekstase* sicherzustellen. Beim Geschlechtsverkehr geht es nur zur Hälfte um Sie selbst – Ihre Persönlichkeit, Ihre Moral oder Unmoral, Ihre Einstellung zu den Frauen und Ihren Körper. Die andere Hälfte, ohne die Ihnen alle Persönlichkeit und alle inneren Werte nichts nützen, bilden Ihre sexuellen Fähigkeiten. Diese Fähigkeiten lassen sich in zwei Hauptelemente unterteilen:

1. Sexuelle Erfahrung – Sie müssen wissen, *wo* der Körper einer Frau am meisten reagiert und mit welchen

Techniken und Positionen man diese Reaktionen am besten hervorruft.

2. Körperliche Fähigkeiten – Sie müssen Ihren Körper einsetzen können und die zahllosen Techniken beherrschen, mit denen beide Partner völlig befriedigt werden.

Diese Dinge werden in diesem Kapitel besprochen: Es geht um den *Kern* der Sexualität – »wie man es macht«. Ihre Aufgabe dabei liegt auf der Hand und ist ziemlich unkompliziert. Wenn Sie das folgende Kapitel durchlesen, erwerben Sie »Erfahrung«. Und wenn Sie die darin beschriebenen Techniken üben, entwickeln Sie Ihre »körperlichen Fähigkeiten«.

Das Endergebnis, die Mischung dieser beiden Elemente, heißt dann sexuelle Fähigkeit. Und eine großartige Zeit.

Die erogenen Zonen der Frau

Die meisten Männer denken, der Körper einer Frau sei an zwei Stellen zu sexuellen Reaktionen fähig – den Brüsten und der Vagina. Sie haben nicht vollkommen unrecht, doch sie haben auch nicht vollkommen recht. Der Körper einer Frau kann praktisch an jeder Stelle erotisch aufgeladen werden, und kein Mann darf sich als großer Liebhaber betrachten, ehe er nicht das *gesamte* sexuelle Potential seiner Partnerin zu erkunden und zu genießen gelernt hat. Um das zu schaffen, müssen Sie zwei Techniken beherrschen: den perfekten Einsatz Ihrer Hände und den Kuß. Die Sinnlichkeitsübungen Nummer 9 und 10 haben

Ihnen bei der Vervollkommnung Ihrer Tast-Fähigkeiten
geholfen, und die Sinnlichkeitsübung Nummer 8 sowie
die Anweisungen in diesem Kapitel zur Stärkung Ihrer
Empfindsamkeit werden dazu beitragen, daß Sie von Kopf
bis Fuß ein sinnlicher Mann werden. Zunächst wollen
wir uns einmal den Körper Ihrer Partnerin ansehen.

Die Augen

Schmetterlingsküsse (Wimpern an Wimpern) machen
Spaß. Fahren Sie mit den Lippen über ihre Augenlider
– so sanft, als striche ein Schmetterling darüber hin. (Wenn
ihre Wimpern unwahrscheinlich lang und seidig sind,
müssen Sie darauf achten, daß die wunderschönen Gebilde
nicht plötzlich verrutschen. Die moderne Technik läßt
heutzutage keinen Stein auf dem anderen, und die schönsten Wimpern sind meistens falsch.)

Viele Frauen lieben Pornographie (obgleich nur wenige
es zugeben) in Form von erotischen Romanen, Bildern,
Fotos und Pornofilmen. Legen Sie Ihre Sammlung (wenn
Sie eine haben) dorthin, wo Ihre Partnerin sie bewundern
kann, und achten Sie genau darauf, ob sie Interesse zeigt
oder nicht.

Die Nase

Der saubere und angenehme Geruch eines frisch geba-
deten Mannes ist großartig, doch um den Liebenden noch
mehr zu helfen, gibt es neuerdings raffinierte und erotisch
anregende Duftwasser für Männer, die noch großartiger
sind. Geben Sie ruhig ein paar Mark mehr für ein französi-
sches Eau de Cologne aus. Das billige Zeug riecht scheuß-

lich. Besprühen Sie sich an strategisch günstigen Stellen, aber nicht zu reichlich: im Gesicht und am Nacken, an der Brust, am Bauch und an den Handrücken.

Die Ohren

Sie nähern sich jetzt einer der erogensten Zonen des weiblichen Körpers. Die Ohrläppchen sind besonders empfänglich für Berührungen mit der Zunge und für Küsse. Kombinieren Sie die Technik des Ohrläppchen-Leckens mit einer anderen: Lassen Sie Ihren Atem leicht und zart das Ohr Ihrer Partnerin streicheln, denn mit dieser Technik ist schon manch eine widerstrebende Puritanerin blitzschnell in eine bereitwillige Partnerin verwandelt worden. Seien Sie aber vorsichtig, und pusten Sie ihr nicht zu kräftig ins Ohr: Ihr Trommelfell könnte platzen! Atmen Sie ganz sanft aus, und spielen Sie gleichzeitig mit der Zunge am Ohrläppchen und im Ohr. Viele Frauen haben so empfindliche Ohren, daß sie schon bei der kleinsten Berührung dahinschmelzen und vor Lust vergehen. Seien Sie aber auf keinen Fall zu wässerig, spucken Sie ihr nicht die Ohren voll! Denken Sie daran, alles weich und zärtlich zu sagen und zu tun, wenn Sie ihr so nahe sind!

Der Mund

Der Mund ist das schönste, das empfindlichste und das aktivste Organ, an das Sie herankommen können, während Ihre Partnerin noch angezogen ist. Ein Kuß ist wahrscheinlich das wichtigste strategische Mittel auf dem Weg ins Schlafzimmer. Er ist der Schlüssel! Er heizt sie an

– oder kühlt sie ab! –, und da das Leben nun mal sehr viel besser ist, wenn Sie sie anheizen, können Sie diese Übung gar nicht genug wiederholen.

1. Pressen Sie die Lippen niemals zu hart gegen ihre Zähne, um ihr dadurch Ihre Leidenschaft zu beweisen.

2. Küssen Sie sie auf keinen Fall so, daß sie weder ein- noch ausatmen kann.

3. Versuchen Sie nicht, Ihre Zunge zu weit in die Kehle der Partnerin zu rammen, um sie zu stimulieren.

4. Beißen Sie ihr nicht in die Lippen!

5. Küssen Sie aber auch nicht zu saft- und kraftlos und ohne jeden Druck.

6. Küssen Sie niemals mit weit geöffnetem Mund und besabbern Sie Ihre Partnerin nicht.

7. Versuchen Sie nie, beim Küssen zu reden.

8. Lassen Sie einen Kuß nie so lange dauern, daß Ihre Partnerin nicht mehr atmen kann.

9. Und vor allem: Haben Sie *nie, nie, nie* schlechten Mundgeruch!

Nun, da Sie wissen, warum Sie in all den vergangenen Jahren ein einsamer Liebhaber gewesen sind, lassen Sie uns zur angenehmen Seite kommen.

1. Legen Sie Ihre Lippen leicht gegen die Lippen Ihrer Partnerin, anstatt zu drücken oder zu pressen. Dadurch bleiben Ihre Vorderzähne bedeckt, und Ihrer Partnerin wird jeder zu heftige Kontakt – der sie am Anfang noch abstoßen könnte – erspart.

2. Berühren Sie zu Anfang die Innenseite ihrer Lippen mit der Zunge, dringen Sie jedoch noch nicht bis hinter die Zähne vor.

3. Fangen Sie dann an, mit verlangenden und zärtlichen Küssen die Sexualtemperatur Ihrer Partnerin in die Höhe zu treiben.

4. Werden Sie kühner, sobald Sie festgestellt haben, daß Ihre Partnerin die Küsse genießt.

5. Fahren Sie ihr mit der Zunge zwischen die Zähne, bis Sie ihre Zunge berühren. Ziehen Sie die Zunge langsam zurück, und achten Sie darauf, ob die Zunge der Partnerin folgt. Wiederholen Sie diese Taktik, bis die Zunge Ihrer Partnerin Ihrer so schnell folgt, wie Sie sie hineinschnellen lassen und zurückziehen.

6. Knabbern Sie gelegentlich an ihrer Unterlippe (nicht beißen) und saugen Sie sie zwischen die eigenen Lippen. Variieren Sie jetzt den Kampfplatz... küssen Sie ihre Ohrläppchen wieder... ihre Augen... ihren Hals. (Ich persönlich liebe besonders jene pulsierende Stelle, an der die Ohrläppchen, der Hals und die Kinnbacken sich treffen.)

7. Halten Sie die Zunge schmal und spitz, nicht breit und flach. Ihre Zunge ist größer als die Ihrer Partnerin – sie gerät leicht in Panik, wenn Sie ihr den Mund mit der Zunge verstopfen.

8. Passen Sie auf, ob Ihre Partnerin an irgendeinem Punkt Anzeichen von Schüchternheit oder Mißfallen erkennen läßt. Wenn, dann dringen Sie nicht mehr so weit in ihren Mund ein. Fangen Sie nach und nach wieder von vorne an, bis Sie das Gefühl haben, daß Ihre Partnerin die Zungenaktion wieder begrüßt.

9. Küssen Sie sie wieder und wieder und wieder und wieder. Ein Kuß ist der erste herrliche, intime Kontakt

zwischen einem Mann und einer Frau, er ist ein Vorspiel, das bei beiden die Sinne und die Sinnlichkeit weckt.

Die Brüste

Schon seit Urzeiten haben Männer die Brüste einer Frau bewundert, gemessen, gemalt, in Stein und Marmor gehauen, fotografiert und angebetet. Wir saugen an ihnen von Geburt an und fühlen uns für den Rest unseres Lebens mit magischer Gewalt zu ihnen hingezogen. Brüste sind wunderschön, und wir hören nie auf, die Frauen das fühlen zu lassen. Bevor Sie jedoch diese »Welt in die Hand nehmen«, wollen wir ein bißchen über die köstlichen Gebilde sprechen.

Frauen machen sich um die Größe und Form ihrer Brüste genausoviel Sorgen wie Männer um ihren Penis. Im Gegensatz zu Penissen können in Brüsten allerdings ganz unterschiedliche Gefühle hervorgerufen werden. Manche Brüste sind völlig empfindungslos, während andere so leicht und heftig reagieren, daß die Besitzerin allein durch Bruststimulation zu einem klitoralen Orgasmus kommt. Es gibt auch Frauen, die häufig beim Stillen ihres Babys einen Orgasmus haben. (Da fragen Sie sich wohl, wie man die betreffenden Kinder wieder entwöhnen kann, oder?) Trotz der erheblichen individuellen Unterschiede sind sich alle Frauen in einem Punkt einig: Sie mögen es nicht, daß man ihre Brüste unsanft behandelt. Offensichtlich sind viele Männer Brustgrabscher, Brustdrücker oder gar Brustbeißer. Frauen fürchten sich genauso vor Brustverletzungen wie Männer vor einem

Tritt in die Hoden; behalten Sie also einen klaren Kopf, gehen Sie langsam und zart vor, wenn Sie eine Brust vor sich haben.

Eine der wirksamsten Methoden, die Partnerin zu erregen, besteht im sanften, beruhigenden Streicheln der Brüste. Fahren Sie mit Händen und Fingern ganz zart und langsam über die Brustwarze und bewegen Sie die Hand im Uhrzeigersinn, lassen Sie sie kreisen und kreisen, bis die Brustwarze ganz steif aufgerichtet ist.

Jetzt können Sie beginnen, die Brüste etwas kräftiger zu streicheln und dabei eine Brustwarze in den Mund zu manövrieren (siehe Sinnlichkeitsübung Nummer 8). Massieren und saugen Sie abwechselnd und reiben Sie die andere Brustwarze gleichzeitig zwischen Daumen und Zeigefinger der anderen Hand. Küssen Sie und saugen Sie, küssen Sie die Brustwarzen und saugen Sie an ihnen, fahren Sie mit der Zunge am Warzenhof, am Ruhmeskranz der Brust entlang (er ist dunkler gefärbt als die ihn umgebende Haut). Nehmen Sie beide Brüste in die Hände, bringen Sie die Brustwarzen zusammen und lassen Sie Ihre Zunge schnell und flüchtig darüber hingleiten! Ihre Hände müssen zärtlich, Ihr Mund weich sein, und Ihre Zunge sollte die meistgepriesene und herrlichste erogene Zone der Frau temperamentvoll und wirksam stimulieren!

Besondere Vorsicht ist vor und während der Menstruation geboten, wenn die Brüste leicht geschwollen sind und auf heftiges Streicheln und Saugen noch empfindlicher reagieren als sonst. Bei manchen Frauen sind die Brüste in dieser Zeit so empfindlich, daß sie keinerlei Zärtlichkeiten vertragen.

Wenn Ihre Partnerin zu höflich ist, um sich bei Ihnen
zu beschweren, und Sie ganz sichergehen wollen, ob Sie
ihr auch nicht weh tun, fragen Sie eines Nachts einfach
direkt, an welchen Tagen des Monats ihre Brüste sich
am besten sexuell stimulieren lassen, ob das Streicheln
der Brüste während der Menstruation schmerzt und wie
lange dieser Zustand andauert.

In manchen Augenblicken, besonders auf dem Gipfel
der Leidenschaft, können Sie die Brüste ruhig ein bißchen
fest anpacken. *Nicht roh, sondern fest.* Ein leichtes Ziehen
an den Brustwarzen ist jetzt als erotisches Nebenstimulans
durchaus willkommen, aber bleiben Sie vernünftig. Ziehen
Sie nur ganz sanft und auch nur ganz kurz, wenden Sie
auf keinen Fall zu viel Druck an, sonst tun Sie ihr weh
und verderben ihr die Laune zum Liebesspiel.

Die Klitoris

Einem Mann, der die Klitoris einer Frau richtig zu behandeln weiß, wird es nie an feurigen Bettgefährtinnen fehlen.
Sie können sich nicht als guten Liebhaber betrachten,
solange es Ihnen nicht gelingt, aus der Klitoris Ihrer Partnerin einen Orgasmus hervorzuzupfen wie ein Geigenvir-
tuose die exquisitesten Töne aus seinem Instrument.

Die Klitoris ist das weibliche Gegenstück zum Penis.
Sie ist unterschiedlich groß, wird steif, wenn sie stimuliert
wird, und ist der Ort des Orgasmus. Im Gegensatz zum
Penis zieht sich die Klitoris jedoch oft zusammen und
scheint zu verschwinden, wenn sexueller Höhepunkt und
andere Orgasmusphasen erreicht sind (stellen Sie sich vor,

Ihr Penis zieht sich beim Orgasmus völlig zusammen und wird von Ihrem Körper verschluckt), eine Klitoris kann nicht ejakulieren, reagiert meistens nicht ganz so schnell auf sexuelle Stimulationen und hat eine viel, viel niedrigere Schmerzschwelle als Ihr Penis.

Nach allem, was mir von Frauen berichtet wurde, lautet die beklagenswerte Wahrheit, daß mindestens 75 Prozent der amerikanischen Männer keine Ahnung haben, wie man eine Klitoris richtig streichelt. Was man nicht machen sollte:

1. Beginnen Sie nicht schon im ersten Stadium des Liebesspiels mit manueller Reizung der Klitoris.

2. Hören Sie nicht auf, sie manuell (oder oral) zu stimulieren, wenn Sie keinen Kontakt mehr mit der Klitoris haben.

3. Stimulieren Sie auch dann weiter, wenn der Orgasmus erreicht ist.

4. Variieren Sie Ihre Technik von Zeit zu Zeit.

5. Glauben Sie bloß nicht, daß Ihre Partnerin schon nach dem ersten Orgasmus »alles hinter sich hat«.

Wenn Sie nur einen einzigen dieser Ratschläge nicht beachten, rauben Sie Ihrer Partnerin einen Teil des sexuellen Vergnügens. Wenn Sie keinen einzigen beachten, sollte man *Ihnen* jedes sexuelle Vergnügen rauben!

In meinen früheren, vor-sinnlichen Tagen habe ich mir immer eingebildet, ich würde einem Mädchen das höchste der Gefühle verschaffen, wenn ich ihr die Hand in den Schlüpfer steckte und ihre Klitoris ein paarmal hin und her bewegte. Damit habe ich nur meine Unkenntnis über einen der entscheidendsten Teile der weiblichen Anatomie bewiesen.

Beginnen Sie *immer* mit der indirekten Manipulation der Klitoris! Ich persönlich streichle zuerst den Schamhügel und berühre dann – wenn meine Partnerin positiv reagiert – die rechte und anschließend die linke Seite des Klitorisschafts. Dann wende ich mich wieder dem Schamhügel zu. Es ist wichtig, die Berührungstechnik zu variieren, weil Genitalgebiete, die man zu lange auf die gleiche Weise berührt, leicht taub werden, und nichts ist desillusionierender als eine taube Klitoris. Reizen Sie die *Spitze* der Klitoris erst kurz vor dem Orgasmus (dem Ihrer Partnerin und nicht Ihrem, Sie Idiot), und seien Sie vorsichtig und weich, damit Sie ihr auf keinen Fall weh tun können. Es gibt Frauen, die auch jetzt noch kein Stimulieren der Klitorisspitze vertragen, und das müssen Sie unbedingt herausfinden, bevor Sie ihr mit hurtigen Fingern in die Scheide fahren.

Ich achte immer darauf, daß die Klitoris gut »geschmiert« bleibt. Zu diesem Zweck benutze ich 1. die Absonderungen der Vagina, 2. meinen Speichel oder 3. ein antiseptisches Gelee oder antiseptische Cremes wie K-Y, Vaseline oder eine der vielen anderen, die auf dem Markt sind. Wenn Sie die Klitoris nicht feucht halten, werden sich die angenehmen Empfindungen, die Sie hervorrufen, schnell in Schmerzen verwandeln.

Einer der dümmsten Fehler, den Männer machen können, ist, die manuelle Reizung zu beenden, sobald die Frau ihren Orgasmus erreicht. *Frauen wollen und brauchen fortgesetzte Stimulation während des Orgasmus,* machen Sie also weiter und legen Sie die Finger nicht in den Schoß!

Viele Männer haben es schon einmal erlebt, daß sie glücklich und zufrieden mit der Partnerin im Bett lagen und ihre Klitoris streichelten, das verdammte Ding aber plötzlich nicht mehr finden konnten. Fangen Sie in einem solchen Fall bloß nicht an, überall danach zu suchen, fahren Sie einfach fort, den Schamhügel und den Klitorisansatz zu streicheln. Dann wird Ihre Partnerin weiter reagieren und kurz danach zum Höhepunkt kommen. Das Einziehen der Klitoris im fortgeschrittenen Stadium sexueller Erregung ist ganz normal, und wenn Sie in einem solchen Augenblick mit der Stimulation aufhören, riskieren Sie damit Frustrationsgefühle bei Ihrer hocherregten Partnerin und sind unter Umständen sogar daran schuld, daß sie die Orgasmusfähigkeit vorübergehend einbüßt. Und das wird nicht gerade dazu beitragen, daß Sie ihr auch weiterhin lieb und teuer bleiben.

Warten Sie ein oder zwei Minuten, nachdem sie einen Orgasmus gehabt hat (denn jetzt ist die Klitoris überempfindlich und sollte ein bißchen in Ruhe gelassen werden), anschließend bringen Sie Ihre Partnerin erneut zum Orgasmus. Denken Sie daran, daß die meisten Frauen auch beim Masturbieren mindestens drei aufeinanderfolgende Orgasmen brauchen, ehe sie befriedigt sind. Haben Sie aber keine Angst. Sie werden Ihre Finger nicht bis auf die Knochen abnutzen. Wenn Sie Ihre Partnerin erst einmal mit *einem* Orgasmus angeheizt haben, können die *restlichen* relativ leicht erreicht werden.

Die Vagina

Sie ist der Altar, an dem wir alle opfern. Von dem Tag an, an dem wir herausschlüpfen, betteln, schmeicheln, komplimentieren und zahlen wir, um wieder hineinzugelangen. Männer haben Vermögen verloren, Könige haben abgedankt, Brüder haben Brüder betrogen, und Regierungen sind gestürzt worden – und alles wegen dieser kleinen Lusthöhle, die wir mit Bezeichnungen wie Pussy, Loch, Votze, Möse, aber auch *Paradies* schmücken.

Eines der harmlosesten Märchen, die man in den vergangenen Jahren über die Frau verbreitet hat, ist die Behauptung, es gebe nur einen Orgasmus, der wirklich zählt – den Vaginalorgasmus. Tatsächlich gibt es das gar nicht. Alle Orgasmen der Frau entwickeln sich von der Klitoris aus. Selbst wenn Sie Ihren erigierten Penis zehn Jahre lang in der Vagina lassen (vielleicht schaffen *Sie* das ja...) und dabei die Klitoris *nicht* direkt oder indirekt reizen, wird Ihre Partnerin keinen Orgasmus erleben. Das soll natürlich nicht heißen, daß die Vagina zu keinerlei erotischem Gefühl fähig ist – im Gegenteil. Zunächst einmal psychologisch: Sobald man in eine Frau eindringt, fühlt sie sich in Besitz genommen, und das ist ein unbedingt notwendiger Faktor für ihr sexuelles Wohlergehen.

Physisch gesehen ist die Vagina für Frauen das *primäre* Sexualinstrument. Frauen argumentieren natürlich so, weil sie an dieser Stelle den Mann empfangen. An dieser Stelle findet der Mann auch den untrüglichen Beweis dafür, wie gut er sie erregt hat, denn eine Frau sondert innerhalb von zehn bis dreißig Sekunden nach Beginn der sexuellen Stimulation eine bestimmte Feuchtigkeit ab.

Bevor eine Frau nicht feucht und saftig ist, kann man nicht in sie eindringen – es sei denn, man riskiert es, als egoistischer Rohling beschimpft zu werden.

Wenn die Frau erregter wird, verlängern sich die inneren Vaginalteile und dehnen sich aus – bereit, jeden noch so großen Penis aufzunehmen, der sich ihr präsentiert. Um die Feuchtigkeit der Vagina zu prüfen, stecken Sie einen oder zwei Finger in die Scheide. Wenn es drinnen naß ist, können Sie Ihre Partnerin stärker erregen, indem Sie mit den beiden Fingern die stoßende Bewegung des Penis nachahmen. Achten Sie besonders auf den oberen Teil der Vagina in der Nähe der Öffnung: Wenn Sie sich auf diese Stelle konzentrieren, können Sie die Klitoris zur gleichen Zeit indirekt erregen.

Nun, da Sie die Vagina gründlich »geschmiert« haben, ist es an der Zeit, daß Sie Ihren Penis...

Hineinstecken – und herausziehen und hineinstecken – usw.

Was Beischlafpositionen betrifft, so habe ich einen ziemlich simplen Geschmack. Ich habe die Jahre hinter mir, in denen ich jede Sehne und jeden Nerv meines Körpers mit Hilfe akrobatischer Sexualmanöver trainierte, doch jetzt finde ich einen *bequemen Fick* am besten. Wenn Sie im Kopfstand Liebe machen wollen oder sich beim Akt unbedingt so weit nach hinten lehnen müssen, bis Ihre Hände wieder den Boden berühren, bitte, niemand hält Sie davon ab. Erwarten Sie aber nicht, daß ich Sie zu der Möglichkeit einer gebrochenen Wirbelsäule, eines Schädelbasisbruchs oder eines für alle Zeiten verrenkten Nackens auch noch beglückwünsche! Zwei Menschen können beim Geschlechtsverkehr so viel miteinander anfangen, daß sie sich ein Leben lang damit beschäftigen können, ohne nach Positionen Ausschau zu halten, die allein Ärzten und Krankenhäusern etwas nützen würden. Das heißt nicht, daß Sie Ihrer Phantasie Zügel anlegen sollen – beteiligen Sie sich einfach nicht an idiotischen Manövern, wenn Sie kein Trapezkünstler sind!

Die klassischen Positionen bieten eine ganze Menge: Sie sind seit langem erprobt und führen nachweislich zu einem Maximum an Lust und Abwechslung. Außerdem bieten sie Ihnen auch noch die Möglichkeit, sich beim Geschlechtsakt gut zu produzieren – ohne Rücksicht darauf, mit was für einem Aussehen die Natur Sie gesegnet hat.

Es gibt im Grunde nur zwei grundlegende Positionsmuster: im Liegen und im Sitzen. Mit diesen klassischen Liebespositionen wollen wir beginnen:

Die Missionarsposition

Ihre Partnerin liegt mit gespreizten Beinen flach auf dem Rücken. Sie legen sich auf sie, und zwar Gesicht an Gesicht, wobei Sie Ihr Gewicht mit den Armen, den leicht angewinkelten Knien und den Füßen abstützen. (Sie verstehen jetzt wohl, wie nützlich die Liegestütz-Übung gewesen ist).

Die Bezeichnung Missionarsposition verdanken wir wahrscheinlich einem Vorfall, der sich vor langer Zeit auf einer Insel in der Südsee ereignete. Eines Tages beobachtete eine Gruppe von Eingeborenen (die den Beischlaf praktisch ausschließlich *a tergo* ausübten, d. h. von hinten in die Scheide der Frau eindrangen) den frisch angekommenen Missionar beim Geschlechtsakt mit seiner Frau und fanden den Anblick der beiden, die Gesicht an Gesicht Liebe machten, wahnsinnig komisch. Die Nachricht von dieser neuen verrückten Sitte aus dem Westen verbreitete sich schnell auf allen Inseln und wurde von den Eingeborenen »Missionarsposition« getauft. In Amerika nennt man sie Dominanzposition des Mannes, und sie dürfte die beliebteste aller Beischlafpositionen sein.

Ein geübter und gut durchtrainierter Liebhaber kann die Missionarsposition in tausend Variationen ausführen und außerordentlich befriedigende Ergebnisse dabei erzielen. Er kann sich die Beine der Partnerin auf die Schulter legen oder sich von ihnen die Hüfte umklammern lassen. Legen Sie ihr dabei ein Kissen unter das Gesäß, damit Sie tiefer eindringen können! Richten Sie sich ganz hoch auf, damit die Klitoris heftig reagiert! Und greifen Sie im Augenblick der Wahrheit wieder nach unten und nehmen Sie die Gesäßbacken Ihrer Partnerin in beide Hände.

Der Bekehrte

Der Bekehrte ist das Gegenteil vom Missionar: Der Mann liegt unten, die Frau über ihm. Der Mann benutzt die Beckenmuskeln, um seinen Penis hin und her zu bewegen, während die Frau über ihm schwebt und sich relativ wenig anstrengen muß. Die Sinnlichkeitsübung Nummer 4 hat

Sie für diese Position fit gemacht – erinnern Sie sich noch?

»Roll mich zur Seite, tu es noch einmal«
Ihre Partnerin liegt auf dem Rücken, Sie dringen in sie
ein. Dabei umfassen Sie sie ganz fest, damit Ihr Penis
nicht aus der Scheide rutscht, und rollen sich mit ihr
auf die Seite. Dort angelangt, beginnen Sie von neuem
mit den Penisbewegungen.

Der leichte Ritt
Sie liegen wieder unten. Ihre Partnerin sitzt auf Ihnen
und zieht die Beine an. Sie sind abermals der »Bekehrte«,
und Ihre Partnerin macht die ganze Arbeit, hebt und
senkt den Körper, damit Ihr Penis immer wieder eindringen kann, hinein und heraus, hinein und heraus. Um
die Position zu variieren, kann sich die Partnerin nach
vorn über Ihren Brustkasten beugen und sich dabei mit
den Ellbogen abstützen, oder sie kann sich nach hinten
lehnen und sich mit den Händen auf dem Bett abstützen.

Ich mag diese Stellung besonders gern, weil ich dabei
den Zeitpunkt der Ejakulation am besten kontrollieren
und all die Dinge sehen kann, die mir so lieb und teuer
sind. Ich kann ihren Kopf in meinen Händen halten und
ihre Lippen den meinen nähern. Ich kann ihre Brüste
streicheln oder ihren Bauchnabel reizen und mich von
dort aus bis zur Klitoris vortasten.

Die Wippe
Sie sitzen sich mit gespreizten und ausgestreckten Beinen
gegenüber, wobei die Beine Ihrer Partnerin auf Ihren

Schenkeln ruhen. Sie halten sich zunächst gegenseitig an den Schultern und lassen sich dann beide ganz langsam etwas nach hinten sinken, bis Sie sich an den ausgestreckten Händen halten. Wippen Sie nun vor und zurück. Das ist vielleicht ein bißchen albern, aber es macht Spaß -- und Liebesspiele sollen nun mal Spaß machen. Das Lachen und Leuchten in den Augen Ihrer Partnerin beweist, wie glücklich sie ist. Und Ihr prall gefüllter Penis beweist, wie glücklich *Sie* sind.

Ausgleichssport für Arbeitslose

Sie sitzen sich wie bei der Wippe gegenüber ... und sitzen und sitzen und sitzen, während der Penis in der Scheide der Partnerin steckt. Sie sitzen eine Stunde, oder so, da und meditieren, unterhalten sich und betrachten den Bauchnabel des Gegenübers, Sie streicheln sich, und hin und wieder machen Sie ein paar Beckenbewegungen, damit der Penis erigiert bleibt. Wenn Sie nicht noch eine weitere Stunde in dieser Position aushalten können, schreiten Sie zu den gewöhnlichen orgasmischen Freuden fort. Es ist eine alte ostindische Sitte, die sich ideal für die wollüstigen Mußestunden der Arbeitslosen eignet. Da ich niemals arbeitslos gewesen bin, habe ich die Sache auch nie ausprobiert, aber man hat mir erzählt, daß manche Menschen ungeheuer viel Spaß dabei finden.

Lassie

Ihre Partnerin kniet und beugt sich nach vorn, dabei stützt sie sich mit den Ellbogen auf ein Sofa oder ein Sitzpolster. Sie stehen hinter ihr, und sie muß das Gesäß so hoch

wie möglich anheben. Führen Sie dann den Penis in die
Vagina ein. Dabei sind Ihre Hände frei, und Sie können
sie benutzen, um die Brüste und die Klitoris Ihrer Partnerin zu stimulieren, wenn Sie – richtig geraten! – den
Penis in der Vagina hin und her bewegen. In dieser Position kann der Penis am tiefsten eindringen. Und außerdem
erleben Sie auf unvergleichliche Weise das Gefühl Ihrer
Macht, wenn Sie die Hüften Ihrer Partnerin fest an Ihre
Schenkel ziehen und dabei tief in die Vagina stoßen –
sie ist Ihnen vollkommen ausgeliefert und kann keinen
Widerstand leisten.

Die feuchte Rutschbahn

Setzen Sie Ihre Partnerin in einen weichen Polstersessel
und knien Sie sich vor ihr hin, so daß Ihr Kopf ungefähr
in gleicher Höhe mit ihren Brüsten ist. Ihre Knie sollten
die Sitzfläche des Sessels berühren, und Ihr Glied muß
stahlhart erigiert sein.

Lassen Sie Ihre Partnerin dann vom Sessel herunterrut-
schen – und zwar genau auf den wundervoll aufgerichteten
Schaft! Das Gefühl wird Ihnen den Atem rauben. Sie
ist feucht und sehr, sehr heiß, Sie befinden sich Gesicht
an Gesicht. Ihr Penis steckt so tief in ihr, wie es geht.
Drücken Sie sie leicht nach hinten. Der Sessel gibt ihr
Halt. Nun kann sie die Füße auf den Boden stellen, sich
mit den Ellbogen auf die Sessellehnen stützen und die
Hüften frei und ungehindert bewegen. Sie selbst beugen
sich zurück, stützen sich mit den Händen auf dem Fußboden ab und heben das Becken, um einige Momente
lang ganz tief in ihr zu verharren. Dann sollte Ihre Part-

nerin das Steuer an sich reißen, indem sie die Beckenge-
gend immer schneller gegen Ihren Penis stößt – immer
schneller. Bei der feuchten Rutschbahn macht der Orgasmus am meisten Spaß. Wenn Sie und Ihre Partnerin
explodieren, liegen Sie sich in den Armen – erschöpft,
feucht und selig. Dann haben Sie das T.L.-Stadium erreicht – Sie sind »total leergebumst«.

Natürlich gibt es für jede der eben beschriebenen Stellungen Dutzende von Variationen. Sex ist eine so persönliche Angelegenheit, daß der größte erotische Trick des
einen den anderen vollkommen kalt lassen kann, und umgekehrt. Deshalb experimentiere ich auch weiterhin. Ein
Geschlechtsakt soll wie eine Fahrt ins große Abenteuer
sein – man kennt das Ziel, kann sich die Route aber ganz
nach den eigenen Wünschen zusammenstellen.

Lutschen und Lecken – Saugen und Züngeln
Wenn ich auf eine einsame Insel verschlagen würde und
mir vorher ein Mädchen und fünf Bücher zum Mitnehmen
aussuchen könnte, würde mir die Wahl des Mädchens
Schwierigkeiten machen, die Bücher dagegen wüßte ich
sofort: Ich würde *Tom Jones* mitnehmen, einen Gesund-
heitsführer, Shakespeares *Gesammelte Werke* und vor
allem den *Enzyklopädischen Abriß der oralen Techniken
beim Geschlechtsverkehr.* Gershon Legman, der Autor
dieses Werkes, schätzt, daß es mindestens 14 288 400 verschiedene Arten des oralen Verkehrs gibt, die zwei Partnern möglich sind, und ich habe vor, jeden einzelnen
seiner Vorschläge auszuprobieren. Ich habe allerdings

nicht die Absicht, nur deshalb auf eine einsame Insel verschlagen zu werden, um Rekorde aufzustellen.

Es laufen immer noch ein paar unverbesserliche Puritaner herum, die es außerordentlich verwerflich finden, eine Frau in der Schamgegend oder an den Brüsten zu küssen. Selbst wenn ihre Ehefrauen sich gründlich mit Lysol abrieben, würden diese Männer nie auf die Idee kommen, daß die Scheide für die Berührung mit Zunge und Lippen sauber genug ist.

Männern, die den Beischlaf in »richtig« und »falsch« einteilen, ist nicht zu helfen, sie können einem nur leid tun, und man kann nur hoffen, daß sie sich möglichst bald zu einem Psychiater aufmachen oder sich ein neues Gehirn einsetzen lassen.

Ich habe mein Leben lang von den warmen, dampfenden und köstlichen Vaginasäften meiner Partnerinnen gekostet und konnte nicht aufhören, mich über die Verschiedenartigkeit in Geruch und Geschmack zu wundern, die sich aus diesem nie versiegenden Quell der Lust ergoß.

Da jeder sinnliche Mann am Lutschen und Lecken, am Saugen und Züngeln Vergnügen hat und in diesen Praktiken außerordentlich geübt ist, hat es gar keinen Zweck, wenn Sie jetzt plötzlich eine gebrochene Zunge oder eine Fieberpustel auf der Oberlippe als Entschuldigung anführen, um dem Genuß des oralen Sex aus dem Weg zu gehen. *Sie müssen auch die orale Perfektion lernen,* wenn Sie nach der Bewunderung der Damenwelt und nach einem Platz in der Ruhmeshalle der großen Liebhaber trachten. Eine ablehnende Haltung würde Ihnen noch nicht einmal einen signierten Zungenabdruck im äußersten Winkel eines Parkplatzes sichern.

Allgemeine Oraltechniken

Stellen Sie sich Ihre Zunge als heißen, elektrisch geladenen Draht vor, der bei jeder Berührung mit dem weiblichen Körper einen leichten und prickelnden Schlag verursacht. Fahren Sie mit der Zunge über Ohrläppchen, Hals, Mund, Nase und Augen. Halten Sie eine Weile an den Brustwarzen und Brüsten inne, züngeln und saugen Sie sie zärtlich und ausdauernd. Lassen Sie die Zunge wie einen kleinen Pinsel am Rücken der Partnerin, seitlich an ihren Hüften, an der Innenseite ihrer Beine entlanggleiten. Lecken Sie ihre Kniekehlen und Füße. Bahnen Sie sich dann einen Weg zum Zünder – zur Klitoris. Kommen Sie ihr immer näher, fahren Sie darum herum, daran entlang, lecken Sie so lange, so weich und geschmeidig, bis sie einen Orgasmus hat.

Jetzt sind Sie für einige fortgeschrittene Methoden vorbereitet.

Die sinnliche Flamme

Sie ist wirklich verzehrend. Cunnilingus, wie er sein sollte. Fangen Sie bei den Knien an. Küssen Sie suchend und unnachgiebig die Innenseite des einen, dann die des anderen Beines. Stoßen Sie mit Ihrer Zunge unaufhaltsam in höhere Regionen vor, bis Sie das Gebiet der Erfüllung – die Vagina – erreicht haben, und tauchen Sie nun ganz tief in die Scheide ein, die inzwischen ein brodelnder Vulkan sein sollte.

Die Babytechnik

Befeuchten Sie die Brüste Ihrer Partnerin mit weichen Küssen, konzentrieren Sie sich dann auf den Brustwarzenhof (die dunkle Zone rings um die Brustwarzen). Fahren Sie mit der Zunge immer wieder darüber hin, umkreisen Sie die Warzen immer schneller (als befänden Sie sich in einer Drehtür). Saugen Sie dann eine Brustwarze in Ihren Mund hinein, kneten Sie sie zärtlich durch, saugen Sie weiter und etwas kräftiger, bis Sie einen möglichst großen Teil der Brust im Mund haben, pressen Sie sie fest zwischen Zunge und Gaumen. Saugen Sie wie ein Baby bei der Nahrungsaufnahme. Wiederholen Sie das Ganze so oft wie möglich – und wechseln Sie dabei zwischen beiden Brüsten hin und her.

Die sinnliche Pinzette

Bei dieser Technik muß man im wahrsten Sinne des Wortes schnell sein. Bilden Sie mit Daumen- und Zeigefingerspitzen eine Art Pinzette: öffnen und schließen Sie sie, öffnen und schließen Sie sie. Dann treten Sie in Pinzetten-Aktion und zwicken Ihre Partnerin ganz, ganz sanft – zuerst am Rücken, dann an den Hüften, am Bauch, an den Brustwarzen, den Armen, Beinen – überall, wo Sie hinreichen. Achten Sie darauf, die Finger blitzartig zupfen zu lassen, denn sonst werden Sie die gewünschte Wirkung nicht erzielen.

Die sinnliche Pinzette kann auch mit dem Mund gemacht werden. Achten Sie dabei aber darauf, die zarte Haut Ihrer Partnerin nicht durch Bisse zu verletzen – es sei denn, sie hat es gern.

Der ganz intime Kuß

Führen Sie Ihre Partnerin zu einem Sessel. Sie muß über die Lehne hineinrutschen und Ihnen die Beine über die Schulter legen. Haben Sie begriffen? Kopf und Schultern Ihrer Partnerin befinden sich auf der Sitzfläche, ihr Gesäß auf der Lehne. Jetzt muß sie die Beine leicht spreizen, und *Sie* brauchen sich nur noch ein bißchen hinunterzubeugen, um die wundervolle, große weite Welt der Liebe mit Küssen zu traktieren.

Der Federtrick

Damit versetzen Sie Ihre Partnerin in den siebenten Himmel. Machen Sie die Klitoris – das empfindlichste kleine Sexualorgan ihres Körpers – mit der Zunge ausfindig. Lassen Sie die Zunge am Schaft hin und her schnellen, als wollten Sie die Saiten einer Gitarre zupfen, aber natürlich mit viel geringerer Kraft. Züngeln Sie nun am Schamhügel, dann wieder am Schaft der Klitoris entlang, und zuletzt, *wenn Ihre Partnerin schon sehr erregt ist*, wenden Sie sich wieder der Klitorisspitze zu. Dort bleiben Sie und tun so, als wäre Ihre Zunge eine kleine Feder – bis die Angebetete kommt.

Die purpurne Kreissäge

Machen Sie die Zunge ganz steif, berühren Sie damit die Spitze der Klitoris und machen Sie mit dem Kopf kreisförmige Bewegungen im Uhrzeigersinn – jedoch so schnell, daß die Klitoris richtiggehend gebürstet wird. Ungefähr ein Dutzend Mal pro Sekunde.

Die purpurne Kreissäge eignet sich besonders für

Frauen, die nur schwer einen Orgasmus erreichen. Außerdem sollte man sie bei Frauen anwenden, die eine ganze Reihe von Höhepunkten brauchen, ehe sie ganz befriedigt sind. Achten Sie darauf, daß Sie Ihre Partnerin vor Beginn dieses Zungenspiels schon weitgehend erregt haben, denn die Klitoris reagiert zu empfindlich auf die purpurne Kreissäge, wenn sie nicht schon durch zärtlichere Berührungen angeheizt ist.

»69«

Das ist eine der besten oral-genitalen Positionen für die gegenseitige Befriedigung. Legen Sie sich über die Frau oder neben sie, aber so, daß Ihr Kopf der Partnerin »zu Füßen liegt« – und umgekehrt. Während Sie die Klitorisregion mit dem Mund bearbeiten, kann Ihre Partnerin Ihren Penis in den Mund nehmen und Ihre Hoden streicheln – oder umgekehrt. Wenn Sie wollen, können Sie in dieser Position beide zum Orgasmus kommen.

Der Kuß danach

Wenn Sie nach dem Geschlechtsakt die Augen öffnen und sich verliebt anschauen, küssen Sie Ihre Partnerin zärtlich – auf die Lippen, auf die Augen, auf die Nase, die Nackenwölbung und dann wieder auf die Lippen. Sie sagen ihr ohne Worte, daß sie eine sinnliche Frau ist und daß Sie das Zusammensein mit ihr genossen haben. Der Kuß danach kann genauso wichtig sein wie der Kuß, mit dem Sie das Liebesspiel einleiten – wenn es ein zweites Mal geben soll.

Analer Sex

Auch in diesem Jahr hat man den Analverkehr noch nicht zum Gebrauch in allen Haushalten freigegeben. Lassen Sie sich davon aber nicht zurückhalten. Unkonventionelle sexuelle Praktiken lohnen sich manchmal.

Die meisten Frauen haben Angst vor dem Analverkehr, finden ihn pervers und kommen (wenn sie die Sache gründlich durchdenken) zu dem Schluß, er verursacht Infektionen an der Vagina. Deshalb müssen Sie als Mann all Ihre Überredungskünste und viel Geduld aufwenden, um Ihre Partnerin so weit zu bringen, es »nur dies eine Mal« zu versuchen.

Warten Sie, bis der richtige Augenblick gekommen ist. Benutzen Sie Ihre Zunge, um den ersten Schritt zum Analverkehr einzuleiten. Im Enddarm befinden sich nur beim Stuhlgang fäkalische Dinge, Sie können Ihrer Partnerin also beruhigt mit der Zunge über Gesäß und Rücken fahren, wenn sie frisch gebadet und parfümiert ist. Ziehen Sie die Gesäßbacken auseinander und befeuchten Sie den Anus mit der Zunge. Vielleicht ist sie zu Anfang noch ziemlich verkrampft, doch wenn Sie die Analregion mit gut geschmierten Fingern (antiseptisches Gelee oder Vaseline sind sehr zu empfehlen) massiert haben, lockert sie sich allmählich.

Führen Sie jetzt einen Finger in den Anus ein und drehen sie ihn von einer Seite zur anderen. Das zarte Drehen des Fingers wird dazu beitragen, Ihre Partnerin weiter zu entkrampfen, und umgehend warme, positive Reaktionen auslösen. Tragen Sie mehr Creme (oder Speichel) auf und führen Sie den Finger erneut ein, dringen Sie jedesmal tiefer vor. Herausziehen und wieder hineinstecken. Herausziehen und wieder hineinstecken.

Achten Sie genau auf ihre Reaktionen, um Verkrampfung und Schmerzen zu vermeiden.

Machen Sie Ihren Penis von oben bis unten feucht, und benutzen Sie für die Eichel eine Doppelration Creme.

Drücken Sie die Eichel jetzt leicht an die Analöffnung. Erlauben Sie Ihrer Partnerin, das erste Eindringen – das sehr langsam vor sich gehen muß – selbst zu steuern. Halten Sie einen Augenblick ganz still, wenn die Eichel in das Rektum eingedrungen ist, damit der Schließmuskel sich an den Neuankömmling gewöhnen kann.

Machen Sie nun – vorsichtig – weiter wie beim normalen Koitus, stoßen Sie vor und ziehen Sie zurück.

Wenn Sie gleichzeitig mit den Händen (achten Sie darauf, daß sie sauber sind) an der Klitoris spielen, hat Ihre Partnerin die allerbesten Chancen, bei dieser ersten analen Erfahrung zu einem außerordentlich befriedigenden Orgasmus zu kommen.

Ein beruhigender Plus-Faktor des Analverkehrs ist, daß Sie ohne jede Angst vor einer Schwangerschaft in den Anus ejakulieren können.

Analer Sex ist ein genußvoller Bestandteil der sexuellen Spiele und Freuden zweier Menschen, deren Verlangen nach gegenseitiger Erkundung und ständig neuen erotischen Erfahrungen nie aufhört – aber er bringt auch gewisse Risiken mit sich.

1. Wenn Ihre Partnerin eine tiefe Abneigung dagegen hat, wird sie wahrscheinlich keinen Spaß daran haben.

2. Wenn beide Partner nicht gründlich gewaschen und desodoriert sind, bleibt die neue Erfahrung vielleicht nicht ohne unästhetische Nebenerscheinungen.

3. Lange oder rissige Fingernägel können schmerzhafte Verletzungen verursachen und disqualifizieren Sie deshalb sofort von diesem Spiel.

4. Wenn Sie nicht überaus vorsichtig und sorgfältig an die Sache herangehen, kann analer Sex schmerzvoll sein.

5. Vaginalkontakte sind nach dem Analverkehr nur dann ohne Risiko, wenn Sie die Vagina mit den Händen und dem Penis erst berühren, nachdem sie sie gründlich mit Seife und warmem Wasser gewaschen hat.

Befolgen Sie diese Ratschläge genau – dann werden Sie und Ihre Dame ganz neue Lustgefühle beim Liebesspiel erleben. Vorausgesetzt natürlich, Sie sind nicht an eine brave Hausfrau geraten – in diesem Fall sind Sie wahrscheinlich gezwungen, wieder zum Stadium des Händchenhaltens zurückzukehren.

9

Der sinnliche Mann
und seine Grundsätze

Grundsätze sind natürlich jedermanns persönliche Sache. Doch bin ich der Meinung, daß gerade sie den Charakter eines Mannes ausmachen. Sie bilden den Rahmen seines Lebens, und nach ihnen wird er sowohl von Männern als auch von Frauen beurteilt. Das gilt selbstverständlich auch für seine Grundsätze im sexuellen Bereich.

Jeder Mann hat seinen eigenen Sexualkodex – bewußt oder unbewußt. Und es gibt keine zwei Kodizes, die genau übereinstimmen. Ich habe mir im Laufe der Jahre meinen eigenen Kodex gebildet, ein paar Regeln, mit denen ich Erfolg hatte – das heißt, sie haben dazu beigetragen, daß ich aufrichtige und wertvolle Beziehungen zu Frauen aufbauen konnte. Da viele sexualethische Grundsätze sich auf den Bereich spezieller Beischlaftechniken erstrecken, werden sie in anderen Abschnitten behandelt. Hier möchte ich Ihnen lediglich ein paar Regeln nennen, die eine Zusammenfassung wert sind. Es sollen keine »Gesetze« sein, die man unbedingt befolgen muß. Sie müssen bei jeder Regel Ihre persönliche Entscheidung treffen – dann haben Sie ein Vorbild für Ihren persönlichen Sexualkodex.

Klatschen Sie nicht!

Sexuelle Intimität mit einer Frau ist wunderbar. Sie schenkt Ihnen das Wertvollste, was sie hat – sich selbst. Doch die Kenntnis der intimsten sexuellen Gewohnheiten Ihrer Partnerin ist etwas, das nur für Sie und für niemanden sonst bestimmt ist. Ihr Ruf ist wichtig für sie, und Sie haben als Liebhaber kein Recht, ihn dadurch zu gefährden oder sogar zu zerstören, daß Sie in Ihrem Bekanntenkreis eingehende Berichte zum besten geben. Halten Sie lieber den Mund!

Sicher, andere Männer reden darüber. In jeder Männergesellschaft gibt es einen oder zwei Typen, die (wie mein Freund Frank, über den ich bereits sprach) ihre sexuellen Abenteuer in allen Einzelheiten ausbreiten. Wenn sie nur schwindeln, ist die Sache harmlos. Sollten Sie aber über Frauen reden, die auch Ihnen bekannt sind, haben sie entweder einen ganz groben Vertrauensbruch begangen (wenn das Erzählte stimmt) oder einen guten Namen beschmutzt (wenn es nicht stimmt).

Schenken Sie den Männern, die den Mund zu weit aufmachen, bloß nicht zuviel Glauben! Ich habe schon oft die Berichte der Partnerinnen dieser Prahlhänse gehört und weiß, daß die meisten Männer, die den Mund zu voll nehmen, schlicht Lügner sind. Ich gehe jede Wette ein, daß Männer, die am wenigsten reden, im Bett am aktivsten sind. Ein Mann, der Achtung vor einer Frau hat, wird bei ihnen immer erfolgreicher sein als ein Klatschmaul. Um es einfacher zu sagen: Wer es oft treibt, redet nicht, und wer viel redet, treibt es nicht.

Treffen Sie Vorsichtsmaßnahmen – man wird Sie dafür um so mehr lieben

Eine Frau braucht Sex genauso wie ein Mann, und er macht ihr genausoviel Spaß – aber es gibt doch einen gewichtigen Unterschied: Eine Frau kann schwanger werden. Männer können *nicht* schwanger werden, und das ist wahrscheinlich auch der Grund dafür, daß sie die möglichen Folgen ihrer sexuellen Affären viel leichter nehmen als die meisten Frauen. An das Machen von kleinen Kindern denken wir zuallerletzt, wenn wir auf dem Heimweg vom Kino unsere Hände unter den Rock einer Freundin stecken.

Diese Einstellung ist kurzsichtig. Frauen müssen die Kinder zwar auf die Welt bringen (mir persönlich würde das gar nicht gefallen), aber Männer sind im gleichen Maße dafür verantwortlich – und zwar in finanzieller und moralischer Hinsicht. Der finanzielle Aspekt liegt auf der Hand. Sogar das Nicht-zur-Welt-Bringen eines empfangenen Kindes – eine Abtreibung – ist kostspielig. Und das Aufziehen eines Kindes ist eine fiskalische Kalamität, und ist das Kind noch so niedlich. Wie pflegt man doch im Restaurationsgewerbe zu sagen? Wenn man die Rechnung nicht bezahlen kann, braucht man sich gar nicht erst die Speisekarte anzusehen. Für Ehepaare kann das unerwünschte Kind eine Last sein, die unter Umständen Ressentiments hervorbringt, eine Ehe zerstört oder eine Karriere vernichtet. Noch schlimmer ist es für den Junggesellen – es sei denn, er ist ein verantwortungsloser Rohling.

Wie man die Sache auch ansieht, eine Schwangerschaft ohne *beiderseitige* Zustimmung und Bereitschaft, die Folgen zu tragen, ist ein Unglück.

Da ich keinen der üblichen »Eheratgeber« schreibe, kann ich mir detaillierte Auskünfte über Mittel zur Schwangerschaftsverhütung ersparen. Diese finden sich zahlreich in jedem Buch zum Thema Ehe – Präservative, Scheidensprays und -gelees, Pessare und Diaphragmen, die Pille –, ich habe den fachmännischen Listen nichts hinzuzufügen. Meine Geliebten und ich haben außer der Knaus-Ogino-Methode schon sämtliche Methoden durchprobiert und sind dabei niemals schlecht gefahren. Natürlich war die Pille am bequemsten, außerdem scheint sie am sichersten zu sein.

Dagegen habe ich einige sehr vernünftige und praktische Ratschläge zu bieten, die sich nicht nur auf Ihre sexuellen Grundsätze beziehen, sondern darüber hinaus ungemein

Ihre Fitness als Liebhaber und Ihre Beischlaffreuden steigern.

Gehen Sie auf Nummer Sicher, wenn Sie keine Schwangerschaft wollen. Nicht nur aus obigen Gründen – auch um des gelungenen Beischlafs willen. Niemand hat Spaß bei der Sache, wenn er pausenlos an die drohende Gefahr einer Schwangerschaft denken muß. Und Ihre Partnerin wird mit Sicherheit nicht gut reagieren, wenn sie Sie im Verdacht hat, daß Sie sie ohne Rücksicht auf die Folgen nur zur eigenen Befriedigung benutzen.

Natürlich ist es durchaus möglich, daß Sie Glück haben – aber warum wollen Sie ein Risiko eingehen?

Wenn Ihre Partnerin trotz Benutzung eines Verhütungsmittels schwanger wird oder wenn Sie beide auf dem Gipfel der Leidenschaft den Kopf verlieren und nicht mehr im richtigen Moment einen »Rückzieher« schaffen, und das hat gerade bei diesem einen Mal schlimme Folgen, dann sehen Sie der Sache gefaßt ins Auge. Sie sitzen nämlich *beide* im selben Boot. Wenn Sie sich lieben und die Absicht haben, irgendwann einmal zu heiraten, ist die Lage nicht so ausweglos. Wenn nicht, stehen der Frau schlimme Zeiten bevor. Ledig und schwanger. Nun müssen Sie als Mann die Verantwortung übernehmen. Wenn sie das Kind auch ohne Ehering zur Welt bringen will, haben Sie nicht das Recht, sie im Stich zu lassen oder sie zu einer Abtreibung zu zwingen. Sie sollten ihr von sich aus anbieten, einen großzügigen Anteil der nun entstehenden finanziellen Belastungen zu übernehmen.

Wenn sie die Abtreibung will, müssen *Sie* einen Arzt auftreiben. *Sie* müssen sicherstellen, daß es sich nicht um einen unfähigen Kurpfuscher handelt, *Sie* müssen die Abtreibung bezahlen, und *Sie* sollten Ihre Partnerin bei dem schweren Gang begleiten, damit sie hinterher sicher und wohlbehalten nach Haus kommt. Und Sie dürfen sie auf keinen Fall wie eine heiße Kartoffel fallen lassen, sobald sich herausgestellt hat, daß die Abtreibung erfolgreich gewesen ist. Seien Sie auch nach dem fatalen Ereignis so hilfsbereit und taktvoll wie möglich. Tun Sie alles, was ihr die Angelegenheit erleichtert. Unter Umständen sinkt sie in tiefe Depressionen. Versuchen Sie mit allen Mitteln, sie abzulenken und aufzuheitern.

Sie sind natürlich nicht verpflichtet, die ganze Schuld an der Schwangerschaft zu übernehmen. Die müssen Sie beide zu gleichen Teilen tragen. Es wäre unfair von der Frau, Sie jetzt wie einen Schurken zu behandeln, wenn sie auf dem Höhepunkt der Leidenschaft genauso von Ihnen begeistert war wie Sie von ihr.

Lassen Sie verheiratete Frauen in Ruhe

Sie mag eine noch so vielversprechende Eroberung sein, aber ich empfehle Ihnen, wenn Sie Junggeselle sind, sie in Ruhe zu lassen, wenn sie eine verheiratete Frau ist. Es laufen genügend junge Küken herum, die nach Liebe dürsten und zu haben sind! Unverheiratete Frauen können nachts woanders schlafen, sie können am Wochenende verreisen und Ihre Wohnung saubermachen. Außerdem brauchen Sie mit unverheirateten Frauen nicht in abgelegene Restaurants zu gehen oder sich in Motels herumzudrücken.

Das sind die praktischen Vorteile, die sich für Sie ergeben, wenn Sie sich auf Frauen ohne Ehering beschränken. Moralisch gesehen ist das Problem vielschichtiger, denn auch in diesem speziellen Fall gibt es zwei Seiten. Ich persönlich bin der Meinung, ein unverheirateter Mann sollte nicht in das Leben einer verheirateten Frau eindringen, denn sie hat die Begleiterscheinungen, die ihr dadurch bei ihrem Mann und ihren Kindern erwachsen, kaum unter Kontrolle – von der Ehe selbst ganz zu schweigen. Ich hege keinerlei Sympathien für Junggesellen, die reihenweise fremde Ehen zerstören, indem sie verheiratete Frauen verführen, die lediglich auf der Suche nach ein bißchen Zärtlichkeit und Abwechslung waren.

Ich kann eine Affäre mit einer verheirateten Frau guten Gewissens auch dann nicht befürworten, wenn Sie gleichfalls verheiratet sind. Natürlich bin ich mir über die Vorteile eines solchen Arrangements im klaren. Es kann das beste und bequemste für beide Teile sein, und Sie können sich beide beim anderen über die Kinder beklagen.

Selbstverständlich müssen Sie Rücksicht auf die Wünsche der verheirateten Frau nehmen. Sie ist erwachsen. Wenn Sie wirklich verrückt nach Ihnen ist und Sie zu haben sind – dann werde ich mich keinesfalls einmischen und »pfui!« schreien. Wenn Sie sich zum Ehebruch entschlossen haben, werden Sie auf jeden Fall einen Weg dazu finden – egal, mit welchen Argumenten man Sie auch davon abzubringen versucht. Entschließen Sie sich aber wenigstens zu einem praktischen Ehebruch! Lesen Sie das Kapitel »Die verheiratete Frau«, wenn Sie Fehler vermeiden wollen, die fast alle Männer machen.

Flirten Sie nicht mit anderen Frauen, wenn Sie mit einer Freundin ausgehen!

Damit sind Sie nicht nur Ihrer Freundin gegenüber taktlos, sondern machen sich selbst auch lächerlich. Ein Flirt mit anderen Frauen läßt Sie als flatterhaften, unhöflichen und unzuverlässigen Angeber erscheinen.

Glücklicherweise wird Ihr Flirt Sie vollkommen ignorieren, wenn er auch nur einen Funken Qualität besitzt. Die Dame wird sich an fünf Fingern abzählen, daß Sie – und wenn Sie noch so attraktiv sind – nur Zeitverschwendung und nutzlose Mühe bedeuten. Denn eines Tages könnten Sie mit ihr genauso umspringen wie mit der jetzigen Freundin.

Hände weg von den Freundinnen Ihrer Bekannten!

Lassen Sie sich nie mit der Frau oder der Freundin eines Bekannten oder Geschäftsfreundes ein! Bestenfalls werden Sie Schwierigkeiten haben, die Affäre geheimzuhalten. Schlimmstenfalls kann sie eine Freundschaft zerstören und einen Strom von Klatsch, Mißtrauen und verletzten Gefühlen bewirken.

Ihre persönliche Achtung vor einem Freund sollte ausreichen, Sie von jedem Versuch abzuhalten, einer Frau nachzustellen, die ihm offensichtlich sehr nahesteht. Die Gründe, aus denen man auch den Frauen von Geschäftsfreunden nicht nachstellen sollte, sind subtilerer Natur.

Wenn der Betreffende ein Kunde Ihrer Firma ist und entdeckt, daß Sie mit seiner Frau ein Verhältnis haben, kann er umgehend seine Aufträge einfrieren und Sie damit in der ganzen Branche schlechtmachen.

Noch schlimmer wird es, wenn der Mann in derselben Firma angestellt ist wie Sie. Ich kannte einmal einen Herrn, der ein Verhältnis mit der Frau eines Kollegen aus der gleichen Abteilung anfing. Die Sache ließ sich unmöglich geheimhalten, und der bedauernswerte Ehemann mußte pausenlos versuchen, das peinliche Gerede über seine Frau zu überhören. Man merkte ihm jedoch nie etwas an. Und im Laufe von zehn Jahren widmete er sich so ausschließlich seiner Arbeit, daß er in der Firma eine steile Karriere machte. Schließlich wurde er Generaldirektor. Und verschaffte sich unendliche Genugtuung, den Ehebrecher zu entlassen.

Wenn Sie also wissen, was gut für Sie ist, werden Sie nicht von fremden Kirschen naschen.

Sagen Sie nur dann »Ich liebe dich«, wenn Sie es auch meinen!

Da die sexuellen Tabus heutzutage nicht mehr so streng sind, braucht man einer Frau auch nicht mehr Liebe zu heucheln, wenn man sie herumkriegen will. Wahrscheinlich will sie »es« ebenso sehr wie Sie selber. Wenn sie jedoch auch nur ein bißchen zögert, sollte man davon absehen, sie mit falschen Liebesbeteuerungen zu umgarnen. Verpflichten Sie sich zu nichts, wenn Sie es nicht wirklich so meinen! Wir alle wollen Liebe, und Frauen sind für ein hingehauchtes »Ich liebe dich« besonders empfänglich und fallen leichter darauf rein als Männer. Es wäre jedoch unfair von Ihnen, sich den Weg in ihr Bett zu erschwindeln.

Falls Sie es nicht schaffen, sie ohne falsche Schwüre zu umgarnen, haben Sie immer noch *viel* zu lernen, wenn Sie ein perfekter Liebhaber werden wollen.

10

Was Frauen abstößt

Bisher habe ich Ihnen gezeigt, wie man Frauen in Fahrt bringt. Aber was nützt Ihnen das, wenn Sie – ohne es zu wissen – irgend etwas an sich haben, was eine Frau abstößt, was sie gegen alle Aufforderungen zum entscheidenden Schritt immun macht? Vielleicht haben Sie einen Penis von der Größe einer ausziehbaren Leiter, eine Ausstrahlung wie Rasputin und eine ununterbrochene Koitusfähigkeit von drei Tagen und Nächten – trotzdem haben Sie kein Glück bei Frauen, weil Sie jedesmal so ungeschickt sind, auf den weiblichen »Abstell«-Knopf zu drücken.

Was stößt Frauen ab? Mehr, als Sie denken. Frauen – das sollte Sie inzwischen nicht mehr überraschen – sind ein vollkommen anderes Geschlecht. Die Gewohnheiten und Redensarten, die Sie bei Ihrem Friseur so beliebt machen, sind für Frauen häufig ein rotes Tuch, und wenn es Ihnen nicht gelingt, die Dinge zu erkennen und zu berichtigen, die Frauen auf Armeslänge – oder noch weiter – von Ihnen fernzuhalten, werden Ihnen viele aufregende Abenteuer entgehen.

Ein intelligenter Liebhaber ist sich darüber im klaren, daß eine Frau nicht nur aus zwei Brüsten und einer Vagina besteht – daß sie auch eine *Persönlichkeit* und ebensoviel Empfindungen wie er hat. *Sie* sind doch ein intelligenter Liebhaber, oder? Also müssen Sie alle Risiken einer Abfuhr aus dem Weg räumen, indem Sie Ihre Verführungstechnik »abstoßfrei« halten. Nehmen wir einmal an, Sie denken über die Vorlieben und Abneigungen der Frau, mit der Sie gern schlafen möchten, ebensoviel nach wie über die kleinen Eigenheiten Ihrer Kunden, Vorgesetzten und Kollegen – dann können Sie den Prozentsatz Ihrer verpatzten Bett-Affären bis auf null hinunterschrauben.

Mir haben ziemlich viele Frauen berichtet, auf welche Weise Männer sie vom Vergnügen am Sex abhalten, sie dabei stören oder ablenken. Einige dieser Klagen habe ich mir so häufig anhören müssen, daß ich finde, ich darf Sie Ihnen nicht vorenthalten – damit Sie daraus lernen können. Auch wenn Sie sich nur eines einzigen dieser Laster schuldig machen, bremsen Sie damit Ihr erotisches Fortkommen entscheidend.

Der Barmherzige Samariter

Wenn Sie ganz sichergehen wollen, sich bei Ihrer Partnerin eine Abfuhr zu holen, ist die Methode des Barmherzigen Samariters unübertroffen. Man wendet sie in einem parkenden Auto oder auf dem Sofa des Apartments der Freundin an, und sie geht ungefähr so: »Was soll das heißen, du willst nicht mit mir ins Bett? Die Drinks, die ich dir spendiert habe, das Abendessen und die Kinokarten, die ich bezahlt habe, das war dir doch alles recht, oder? Ich habe dir einen netten Abend verschafft, Baby, und jetzt willst du dich plötzlich nicht revanchieren! Schließlich habe ich meine Zeit und mein Geld für dich geopfert, und du könntest mir wirklich ein bißchen dankbar sein!

Mann, halten Sie den Mund und verschwinden Sie! Mit dieser Methode sind Sie zur Niederlage geradezu verdammt. Porfirio Rubirosa und Ali Khan haben an einem einzigen Abend mehr Geld für ein Mädchen ausgegeben, als Sie in einem ganzen Monat verdienen, und waren trotzdem niemals so dumm, eine derartige Szene aufzuziehen. Und das war klug von ihnen, denn sonst hätten sie sich frustriert ins »Waldorf Astoria« oder eine andere Nobelherberge zurückziehen müssen. Die Methode des Barmherzigen Samariters – oder wie immer man sie nennen will – läuft im Grunde darauf hinaus: »Liebling, wenn ich ehrlich bin, halte ich dich für eine Hure.« Und selbst in diesem Fall führen Schmeicheleien zu nichts.

Verabredungen mit einem Mädchen sind eine gesellschaftliche Konvention. Wenn Sie Erfolg haben wollen, beachten Sie die Regeln. Das Annehmen Ihrer Einladung zum Essen verpflichtet eine Frau noch lange nicht, anschließend mit Ihnen ins Bett zu gehen. Sicher, Sie dürfen *hoffen* und – noch besser – Sie dürfen getrost *versuchen*, sie zu verführen. Ob sie Ihnen etwas schuldet? Ja, natürlich – ein höfliches »Dankeschön«.

Seien Sie doch mal realistisch. Die Tatsache, daß Sie für den gegrillten Lachs nach Art des Hauses ein paar Scheine springen ließen, hat doch keinerlei Auswirkungen darauf, wie unwiderstehlich die Dame Ihres Herzens Ihre sexuelle Ausstrahlung findet! Sie wird es Ihnen schon zu verstehen geben, wenn Sex auf der Kreditkarte inbegriffen ist. Wenn Sie nicht warten können und Ihre Partnerin mit der Methode des Barmherzigen Samariters bedrängen, riskieren Sie allenfalls, daß sie Ihnen die Tür vor der Nase zumacht.

Körpergeruch

Gehören Sie zu den behaarten Relikten aus der Steinzeit, die den Gebrauch eines Deodorants für weibisch halten? Glauben Sie etwa, daß ein Paar Socken erst dann schmutzig ist, wenn Sie es zwei Wochen hintereinander Tag für Tag angehabt haben? Sind Sie vielleicht der Meinung, daß Frauen wie Hündinnen oder Affenweibchen sind, daß sie also erst dann richtig scharf werden, wenn sie den »Duft« Ihrer Männlichkeit spüren?

Dann wachen Sie auf, Freund, und blicken Sie den Tatsachen ins Gesicht!

Es gibt keine einzige Frau, die das Einatmen ranzigen Schweißes aus nächster Nähe erregend findet. Oder gefällt es Ihnen vielleicht, sich an ein Mädchen heranzuschnüffeln, das wie der Wäschesack einer Fußballmannschaft nach dem Spiel duftet? Also – Ihre Angebetete wird keinesfalls Hand oder Mund an Sie legen, wenn Sie einen durchdringenden Körpergeruch ausströmen. Zumindest nicht freiwillig.

Wenn Sie kein besonderes medizinisches Problem haben, ist die Beseitigung von Körpergeruch glücklicherweise genauso einfach wie die Zubereitung einer Tütensuppe: Sie brauchen nur Wasser hinzuzufügen. Erinnern Sie sich noch daran, wie Ihre Lehrerin früher die Wandtafel abgewischt hat? Eine gute Seife und eine großzügig bemessene Ration Wasser wird auch mit Ihren Körperbelägen fertig, mit dem fettigen Schweiß und dem Geruch.

Nach der Dusche trocknen Sie sich sorgfältig unter den Armen ab. Warten Sie jetzt fünf Minuten, um ein besseres Ergebnis zu erzielen, und verteilen Sie das Deodorant großzügig in den Achselhöhlen. Hier konzentrieren sich nämlich die Schweißdrüsen, und hier können Sie der Entwicklung von Körpergeruch am besten entgegentreten. Jetzt sind Sie sicher. Sie haben nicht nur den abstoßenden Geruch verbannt, sondern werden auch relativ frei von den feuchten Ringen unter den Achseln sein, die so unangenehm aussehen, sowie von dem juckenden Gefühl, wenn Ihnen ein Schweißtropfen nach dem anderen an den Armen und am Körper hinabläuft.

Denken Sie immer daran: Schweißgeruch ist überaus beharrlich, er ist auch dann noch vorhanden, wenn der gestrige Tag nur noch in Ihrer Erinnerung weiterlebt. Er lebt in der Unterwäsche, im Oberhemd, im Anzug und im Mantel weiter, und nur eine gründliche Wäsche oder die Reinigung können den Geruch vertreiben, wenn er sich erst einmal eingenistet hat.

Eine andere Form von übelriechenden Düften, die eine Frau sofort in die entfernteste Sofaecke treibt, ist Mundgeruch (»Wird sie dir nach dem ersten Kuß auch noch einen zweiten Kuß schenken?«). Bestimmte Nahrungsmittel und Gewürze wie Knoblauch und Zwiebeln können schuld sein, daß man noch 24 Stunden nach dem Verzehr so stark aus dem Mund riecht, daß ein Waschbär auf den Hintern fällt. Wenn also der Sinn nach einer Verführung steht, lassen Sie die Hände von gerucherzeugenden Speisen – es sei denn, auch Ihre Partnerin greift danach.

Noch etwas Wichtiges. *Black & White* und *Gordon* sind in *Ihrer* Nase vielleicht so wohlriechend wie frisch gemähtes Gras, aber Frauen – vor allem Frauen, die keinen Alkohol trinken – finden den Geruch von Whisky und Gin überhaupt nicht anziehend, und Zigaretten, Pfeife sowie Zigarren hinterlassen ebenfalls üble Geruchsspuren – nicht nur im Mund, sondern auch in der Kleidung. Fragen Sie Ihre Partnerin, wie sie darüber denkt. Überlassen Sie nichts dem Zufall.

Übler Mundgeruch kann auch von schadhaften Zähnen oder einem entzündeten Rachen herrühren. Regelmäßige Besuche beim Zahnarzt beugen der ersten Ursache vor, und gegen die zweite kann ein guter Arzt helfen. Wenn Sie übrigens ein mehr oder weniger eifriger Fernsehzuschauer sind, leiden Sie sicher nicht an Körper- oder Mundgeruch. Die Werbung weist so oft auf körperliche Hygiene hin, daß man dabei verrückt werden kann. Viele von uns benutzen vier verschiedene Arten von desodorierender Seife, duschen dreimal täglich, kombinieren diverse Sorten von festen und flüssigen Deodorantmitteln, putzen sich die Zähne nur mit Zahnpasten, die wohlduftende Mundhöhlen versprechen, gurgeln mit parfümierten Mundwässern, sprühen sich Atemreiniger zwischen die Kinnbacken, kauen Kaugummi mit Pfefferminzgeschmack, schlucken Chlorophyllpastillen und lutschen Pfefferminzdrops – fühlen sich aber immer noch unsicher. Und jetzt jagt man auch noch den Frauen Angst ein, ihre Vagina könnte schlecht riechen!

Lassen Sie sich also mit dem ganzen Hygiene-Gerede nicht ins Bockshorn jagen und fliehen Sie nicht aus Furcht vor geruchlicher Belästigung aus der Gesellschaft der Menschen! Sorgen Sie nur dafür, daß Sie immer sauber sind. Und sparen Sie sich den Schweiß für den Sportplatz auf.

Männer, die nur an eines denken

Es gibt Männer, die schon beim ersten Ausgehen mit einem Mädchen immer nur an eines denken. Kaum haben Sie ein Mädchen kennengelernt, haben sie bereits beschlossen: »Ich muß ihr unbedingt unter den Rock greifen, sonst bin ich ein Versager.« Und diese Einstellung übermitteln sie der Partnerin irgendwie. Wie tadellos ihr Benehmen sonst auch sein mag – die Mädchen durchschauen sie sofort. Und nehmen es natürlich übel, daß man sie insgeheim für kleinlich und prüde hält, bloß weil sie nicht auf der Stelle nachgeben und ihn »leiden« lassen.

Wenn man immer nur an eines denkt, kommt man im Grunde ebensowenig zum Ziel wie bei der Methode des Barmherzigen Samariters. Wenn Sie ein erfolgreicher sinnlicher Mann werden wollen, sollten Sie nie versuchen, ein Mädchen zu ködern oder in die Enge zu treiben. Wenn Ihre natürlichen Instinkte manchmal mit Ihnen durchgehen, dann tun Sie das, was viele Männer beim ersten Rendezvous mit einer neuen Freundin tun, die sich nicht sogleich verführen läßt: Masturbieren Sie! Am besten vorher, denn dadurch vertreiben Sie den sexuellen Drang zumindest teilweise, können Herr des Abends bleiben und enden nicht als Bettler.

Kratztypen

Die meisten Frauen haben eine weiche und zarte Haut. Wenn Sie die empfindliche Epidermis Ihrer Partnerin liebevoll mit kratzenden Bartstoppeln streicheln, würde sie Ihnen dafür am liebsten in die Hoden treten. Es tut nämlich *weh*, und sie kann durchaus mit roter und entzündeter Haut auf der Strecke bleiben. Um Ihnen eine Vorstellung zu geben, wie Ihre Bartstoppeln bei einer Frau wirken: Stellen Sie sich einmal das Gefühl vor, das beim Hin- und Herreiben der Bartstoppeln auf der samtigen und empfindlichen Haut Ihrer Eichel entsteht! Wie

grobes Sandpapier, stimmt's? Richten Sie sich danach.
Stoßen Sie Ihr Mädchen nicht mit groben Schabeküssen
ab. Rasieren Sie sich, ehe Sie sich ihr liebevoll nähern.

Hüten Sie sich auch vor rauhen Stellen an den Handflächen (Schwielen vom Golf und so) und vor rissigen
Finger- und Fußnägeln. Und wenn Sie es nicht wie der
Marquis de Sade machen wollen, dann legen Sie Arm-
banduhr, Ehering, Manschettenknöpfe, scharfkantige
Münzen an Halsketten und natürlich auch die Brille ab,
bevor Sie mit ihr ins Bett gehen.

Die Redseligen

Dieses Thema ist bereits im Abschnitt über die moralischen Grundsätze des sinnlichen Mannes ausführlich besprochen worden, soll an dieser Stelle aber noch einmal
erwähnt werden. Nichts stößt eine Frau mehr ab, als wenn
Sie ihr die Namen Ihrer früheren Eroberungen aufzählen.
Schließlich ist auch die Romanze mit ihr einmal beendet,
und dann möchte sie auf keinen Fall, daß *ihr* Name ebenfalls zum Bestandteil der Bettgespräche mit einer anderen
Frau wird. Lassen Sie also den Mund zu – es sei denn,
Sie hätten etwas Nützlicheres damit vor!

Der Grabscher

Manche Männer sind der Meinung, sie müßten pausenlos
vor aller Welt kundtun, daß sie etwas mit einer Frau

haben. Zu diesem Zweck begrabschen sie Ihre Partnerin in der Öffentlichkeit am Busen, am Po und anderen Rundungen, als wollten sie damit beweisen, daß sie ein großartiger Liebhaber sind. Sie beweisen jedoch nur, daß sie unhöflich, unsicher, zurückgeblieben und einfach *dumm* sind – denn jede Frau, die derart begrabscht wird, kommt sich billig vor. Und man erweckt in der Partnerin nicht etwa Bewunderung und Erregung, sondern Verlegenheit und sogar Haß.

Die Frauen fühlen sich in ihrer Ehre getroffen. Wenn man sie in der Öffentlichkeit begrabscht, bringt man damit folgendes zum Ausdruck: »Ich bin der Meinung, diese Frau ist eine *Sache*, und zwar eine Sache, die *mir* gehört und die ich benutzen kann, wie es *mir* paßt.« Zeigen Sie ein bißchen Achtung. Beim Liebesspiel dürfen Sie sie berühren, wo Sie wollen. Sie haben es gar nicht nötig, sie vor aller Welt zu demütigen, um damit Ihre Männlichkeit zu demonstrieren.

Der Zerknautscher

Nur wenige Männer sind sich darüber im klaren, daß es einer Frau durchaus nicht gleichgültig ist, wie sie in der Öffentlichkeit aussieht. Sie gibt sich unendliche Mühe, das richtige Kleid, das richtige Make-up und die richtige Frisur auszusuchen. Und dann kommt der große Herzensbrecher und beglückt sie gleich zu Anfang des gemeinsamen Abends mit einem feuchten Kuß und umhalst sie mit seinen Pranken derart, daß der Lippenstift überall verschmiert, die Frisur total in Unordnung gebracht und das Kleid derart zerknautscht wird, als hätte sie es soeben aus der Wäscheschleuder gezogen.

Denken Sie daran, daß Sie die äußere Hülle Ihrer Dame wie eine zweite Haut behandeln müssen – das soll nicht heißen, daß Sie diese Hülle küssen und abschlecken müssen (das wäre Fetischismus)! Der einsichtige Liebhaber sollte anerkennen, daß sie wahrscheinlich Stunden damit zugebracht hat, das Kleid zu bügeln, Make-up aufzulegen und die Frisur zu komponieren, um ihn mit einem perfekten Äußeren zu beeindrucken. Und er weiß, daß sie bewundert werden will – nicht jedoch zerknautscht.

Seien Sie also ungestüm, wenn es an der Zeit ist.

Die Anhänger der doppelten Moral

Hierbei handelt es sich um die Burschen, die man in allen Herrengesellschaften trifft – die Könige der »doppelten Moral«. Sie tun alles, um ihre Partnerinnen ins Bett zu kriegen, befriedigen sich und nennen sie anschließend Flittchen, weil sie sich mit ihnen eingelassen haben. Sie tragen die Verantwortung für den alten Kriegsruf der Frauen: »Wenn ich nachgebe, verlierst du jede Achtung vor mir.« Und oft haben die Frauen damit recht, denn es gibt auch heute noch viele Anhänger der doppelten Moral – Männer, die tatsächlich keine Achtung mehr vor einer Frau haben, wenn sie einmal nachgegeben hat. Seltsamerweise brüsten sich die meisten dieser Scheinheiligen damit, phantastische Stoßmänner zu sein, und sie gieren nach sexuellen Abenteuern, als wollten sie beweisen, daß jede Frau eine Hure ist. Weil sie es mit aller Gewalt versuchen, haben sie meistens auch noch Erfolg. Anhänger der doppelten Moral sind trotz ihres maskulinen Gehabes der Meinung, Sex sei schmutzig. Und deshalb sind alle Frauen, die sich mit ihnen einlassen, in ihren Augen auch nur schmutzige Schlampen. Heiraten wollen sie natürlich nur eine Jungfrau. (Gott sei Dank bekommen sie meist das, was sie verdienen: Eine frigide Ehefrau. Gerechte Strafe).

Der Grobian

Jede Frau kennt einen Typ Mann, den wir als Grobian bezeichnen. Der Grobian benutzt bei jeder Verführung eine Kombination aus sämtlichen Nötigungsmethoden, die ich oben beschrieben habe. Woran man einen Grobian erkennt? Er zieht alle Register seines cholerischen Temperaments, schmollt und beleidigt seine Partnerin, um sie ins Bett zu bekommen. Dann und wann hat er mit dieser Methode Erfolg – aber welch Pyrrhussieg! Wer hat schon Spaß an Sex, den er praktisch erzwungen hat?

Außerdem wird eine Frau, die sich diesen Nötigungen nur fügt, um weiteren Ärger zu vermeiden, früher oder später ihre aufgestauten Haßgefühle in heimlichen Racheakten entladen. Sie findet bestimmt Mittel und Wege, um es dem Grobian heimzuzahlen. Vielleicht überzieht sie sein Konto, verpfeift ihn beim Finanzamt, vielleicht erzieht sie seinen Sohn auch zum Homosexuellen (womit

sie ihn als Mann besonders hart straft!), oder sie reicht
die Scheidung ein und gewinnt Eigenheim, Auto und le-
benslangen finanziellen Unterhalt. Und was schlimmer
ist – nach der Scheidung vom Grobian schreckt sie vor
einer neuen Ehe zurück, weil der Verflossene sie zu der
unumstößlichen Meinung gebracht hat, *alle* Männer seien
wie er. Er muß also sein Leben lang zahlen, hockt in
seinem Büro und kocht vor Wut über die »frigide
Schlampe«, weil sie »die Männer schon immer gehaßt
hat« – siehe da!

Auf die Dauer lohnt es sich also nicht nur in finanzieller,
sondern auch in emotionaler Hinsicht, Achtung vor der
Partnerin zu haben und überzeugendere Liebestechniken
zu entwickeln.

Der Frager

Der Frager erhält niemals die Antwort, die er haben will.
Und das ändert sich auch dann nicht, wenn er die betreffende Frage immer wieder stellt. Fragen Sie eine Frau
niemals, wenn Sie sie statt dessen küssen, ihre Brust streicheln, mit ihr ins Bett gehen oder irgendein anderes er-
freuliches Experiment mit ihr machen können. Tief im
Inneren ist sie davon überzeugt, eine Dame zu sein, und
wenn man sie roh und direkt um eine ganz bestimmte
Sache angeht, wird sie sich billig vorkommen. Wenn man
sie mit Worten auffordert, fühlt sie sich sozusagen verpflichtet, nein zu sagen – fordert man sie hingegen mit
Taten auf, sagt sie bestimmt ja. Sie brauchen nicht zu

fragen, um herauszufinden, ob sie etwas will – fahren Sie wortlos fort, sie zu verführen. Damit will ich nicht andeuten, daß Sie sie vergewaltigen sollen (gewaltsame Methoden sind doch inzwischen aus Ihrem Repertoire verbannt). Um herauszufinden, ob sie mit bestimmten Dingen einverstanden ist oder nicht, brauchen Sie nur auf ihre Reaktionen zu achten. Reaktionen sprechen deutlicher als Worte.

Auch die betont selbstbewußten Frauen, die alle Dinge immer beim Namen nennen müssen, wollen nicht *gefragt* werden. Sie werden Ihnen vielmehr selbst *sagen,* was Sie tun sollen.

Männer, die immer zur falschen Zeit anfangen

Viele Männer erhalten nicht deshalb eine Abfuhr, weil sie schlechte Liebhaber sind, sondern deshalb, weil sie immer zur falschen Zeit anfangen – und darunter sind Tausende von Ehemännern. Stellen Sie sich darauf ein, was Ihre Partnerin tut und vorhat, ehe Sie zur Tat schreiten! Wenn die Badewanne überläuft, das jüngste Kind gerade dabei ist, seinen abgebrochenen Schneidezahn zu verschlucken, und das älteste im Vorgarten Marihuana raucht, wenn die Ehefrau sich soeben für den wöchentlichen Bridgenachmittag umgezogen hat – und Sie in diesem Moment siegessicher auf der Bildfläche erscheinen und nach ihr greifen, ist es da ein Wunder, daß sie Sie abblitzen läßt? Sie ist nun einmal nicht in der Lage, dreizehn Krisen gleichzeitig zu meistern und Sie dabei auch noch zu befriedigen. Wie fänden Sie es denn, wenn Ihre Frau zehn Minuten vor Abgabetermin eines wichtigen, noch nicht fertiggestellten Berichtes im Büro auftaucht und Sie mit eindeutigen Avancen bedrängt? Wenn Sie keinen eingebauten Sexautomaten haben, wären Sie auch nicht imstande, Ihren Penis hochzukriegen.

Machen Sie also alle Dinge im passenden Moment.

Und noch ein paar Sachen, die Frauen abstoßen:

1. *Schlechte Tischmanieren.* Der Mann, der in einem eleganten Restaurant das Essen wie ein Wolf hinunterschlingt, der sich die Hände im Wasserglas wäscht, den Teller ableckt, die Suppe geräuschvoll schlürft und wie ein Holzfäller über den Tisch langt, um die Erbsen einzusammeln, die ihm vom Messer gerollt sind, ist für jede Begleiterin peinlich. Machen Sie sich also mit den grundlegenden Tischsitten vertraut.

2. *Männer, die beim Sprechen mit Speichel spritzen.* Auch bekannt als »Regenschirmtypen«. Kein weiterer Kommentar nötig.

3. *Männer, in deren Mundwinkel sich schaumiger Speichel sammelt.* Verwandte des Regenschirmtyps, aber seltener. Ich weiß, es klingt seltsam, aber eine meiner Bekannten erklärte mir, daß sie diesem Typ oft begegnet ist und daß der Speichelschaum sie jedesmal zur Verzweiflung getrieben hat. Achten Sie also darauf, daß Ihr Mund nie aussieht wie bei einem tollwütigen Hund!

4. *Raucher, die nicht aufpassen und Löcher in Kleider, Polster und Teppiche brennen.* Diese Pyromanen im Anfangsstadium gehen mit Zigaretten um, als wären es Fakkeln, verstreuen ihre Asche auf jedem Teppich, beschädigen kostbare Tischplatten, lassen die brennenden Stummel auf dem Pelz ihrer Angebeteten liegen. Und um das Maß voll zu machen, küssen sie ihre Dame und halten ihr dabei die brennende Zigarette an den Rücken. Resultat: Kleid mit Loch. Wenn Sie rauchen, seien Sie vorsichtig und denken Sie nach. Nicht nur beim Sonntagsspaziergang aus Angst vor Waldbränden!

5. *Männer, die am Telefon nicht ihren Namen nennen.* »Rate mal, wer ich bin?« Ratespiele sind etwas für Kinder, die noch nicht zur Schule gehen. Wenn Sie als Liebhaber gut gewesen sind, wird sie Ihre Stimme vielleicht wiedererkennen, aber sagen Sie trotzdem schon zu Beginn der Unterhaltung: »Hallo Mary, hier spricht Bob Soundso.«

Wenn die Angebetete Sie dann immer noch nicht unterbringen kann, ist das natürlich eine andere Geschichte. Beginnen Sie das Buch noch einmal und fangen Sie neu an!

11

Worüber man im Bett spricht
und wann man lachen darf

Das Bettgespräch hat drei Stadien:
1. Die Unterhaltung *vor* dem Sex.
2. Das leidenschaftliche Stammeln *beim* Sex, das die Bezeichnung »Unterhaltung« eigentlich kaum verdient.
3. Die Unterhaltung *nach* dem Sex.

Jede Art Bettgespräch dient einem anderen Zweck und hört sich anders an. Sie können sich als Liebespartner begehrter machen, wenn Sie es lernen, *in welchen Augenblicken* und *worüber* man im Bett reden darf. Auch als Mensch werden Sie dann glücklicher, denn die Dinge, die Sie im Bett sagen, können Sie entspannen und emotionellen Streß lösen. Das Freisetzen von Worten ist für manche Männer beim Geschlechtsverkehr wichtiger als das Freisetzen von Sperma. Es ist natürlich möglich, daß sie sich dessen gar nicht bewußt sind. Aber der sinnliche Mann weiß es. Er weiß, daß die Lösung innerer Spannungen oft wichtiger ist als die Erektion des Penis.

Lassen Sie uns die drei Stadien des Bettgespräches in der Reihenfolge besprechen, in der sie meistens auftreten.

Die Unterhaltung vor dem Sex

Meiner Meinung nach ist dieses Stadium für einen Mann am unbefriedigendsten. Wenn er sexuell erregt ist, ist ihm nicht gerade nach Reden zumute, eher nach Taten. Frauen sind in sexueller Hinsicht jedoch meistens nicht so impulsiv. Im allgemeinen reagieren sie nicht sehr begeistert auf den Befehl »Marsch ins Bett!«. Sie wollen langsam und natürlich auf den Sex vorbereitet werden, wobei Worte eine entscheidende Rolle spielen. Ihre Worte verdeutlichen in Verbindung mit Küssen und anderen Zärtlichkeiten, daß Ihre Zuneigung echt ist. Ohne »Ich liebe dich« und »Wie schön du bist« und »Du bist so zärtlich und erregst mich« könnten viele Frauen an Ihrer Aufrichtigkeit zweifeln. Verdammt noch mal, wenn Sie in dem Stadium schon so scharf sind wie ich, dann zweifle sogar *ich* an Ihrer Aufrichtigkeit.

Halt, warten Sie noch einen Moment. Sie *mögen* Ihre Partnerin doch, oder? Sie sieht doch wirklich gut aus, nicht wahr? Sie sind froh, daß sie bei Ihnen ist? Dann können Sie es ihr auch getrost sagen. Jagen Sie sie nicht mit gestelzten Komplimenten über ihre Schönheit und

erotische Ausstrahlung ins Bockshorn, wenn sie in Wahrheit allenfalls hübsch ist. Notlügen sind manchmal angebracht (ich sage Ihnen noch, *wann* das der Fall ist), aber
jetzt noch nicht. Versuchen Sie nur, Ihren Gefühlen Ausdruck zu geben.

Ich weiß, das ist gelegentlich einigermaßen schwierig.
Vielleicht sind Sie noch im hell erleuchteten Wohnzimmer, und ohne daß Sie es wissen, ruhen Ihre Schuhe
auf der Aufschnittplatte auf dem Sofatisch, und vielleicht
haben Sie gerade über die fallenden Börsenkurse gesprochen. Wenn es aber an der Zeit ist, müssen Sie ihr ein
Zeichen geben, daß der romantische Teil des Abends be-
gonnen hat (wenn sie die Sache mit dem Zeichen nicht
schon selbst in die Hand genommen hat). Dabei braucht
es sich nicht unbedingt um Worte zu handeln. Sie können
sich auch die Schuhe ausziehen, tief seufzen und sich
auf dem Sofa ausstrecken. Oder Sie knipsen eine oder
zwei Lampen aus. Aber dann müssen Sie sich etwas um
den *hörbaren* Teil der Liebesszene kümmern. Sprechen
Sie leise, damit Ihre Stimme verführerischer und aufrich-
tiger klingt, fassen Sie nach ihrer Hand und beginnen
Sie – aber Vorsicht, das Liebesspiel sollte im Moment
noch zum größten Teil aus Worten bestehen! Was Sie
sagen sollen? Nun, warum erzählen Sie ihr nicht, wie
angenehm der Abend bis jetzt gewesen ist? Oder wie
sehr Sie sie den ganzen Tag über vermißt haben, als Sie
im Büro waren? Oder wie zufrieden und entspannt Sie
sich fühlen, da Sie jetzt mit ihr allein sind? Und vergessen
Sie auf keinen Fall, folgendes zu sagen: »Seit ich dich
kenne, ist alles so anders geworden!« Das ist besonders

erfolgversprechend. Es ist auch angebracht, wieder an die Dinge zu erinnern, durch die Sie sich am Anfang Ihrer Beziehung nähergekommen sind. Und seien Sie ruhig etwas albern. Dadurch können Sie einen Teil der Hemmungen aus dem Weg räumen, die Sie den ganzen Tag lang mit sich herumtragen – und sobald Sie gemeinsam lachen, ist die altgewohnte Intimität wieder da.

Darum geht es nämlich vor allem – Sie müssen mit ihr intim werden. Seien Sie taktvoll. Es wäre ganz falsch, die Partnerin in diesem Augenblick an ihre Nachteile oder an Fehler zu erinnern, die sie früher einmal gemacht hat. Und es ist auch nicht angebracht, daß Sie immer noch die Masken tragen, die Sie tagsüber vor anderen Leuten aufgesetzt hatten – zeigen Sie Ihr wahres Ich. *Das ist für die meisten Männer am schwersten.* Besonders in diesem Stadium denken sie an nichts anderes als an das kommende Liebesspiel und schrecken beim Gespräch mit der Partnerin auch nicht vor Übertreibungen und Lügen zurück, um sie möglichst schnell verführen zu können. Sie glauben, der Erfolg des Abends hänge allein von ihrer Geistesgegenwart und Überredungskunst ab – und als Ergebnis kommen sie sich häufig ein bißchen gemein vor.

Diese Situation ist ein nützlicher Test. Sie können prüfen, wie gut Sie zu einer Partnerin passen. Je ehrlicher und natürlicher Sie mit ihr sind, ohne dabei die Bett-Chancen zu untergraben, desto besser passen Sie zueinander. Falls Sie aber auf verlogenes Gerede bauen müssen, um sie ins Bett zu bekommen, ist sie nicht die ideale Frau für Sie (jedenfalls nicht lange). Die meisten Männer sind miserable Lügner und machen sich nur selbst unsicher, wenn sie versuchen, Cary Grant oder Marcello Mastroianni nachzuahmen.

Ein Freund von mir, der sich für einen phantastischen Stoßmann hält, erzählte mir zum Beispiel widerstrebend von der Nacht, in der er ein hübsches Filmsternchen auf der Couch ihres Apartments bedrängte.

»Auch wenn ich jetzt nach Haus gehen müßte«, flüsterte er ihr ins Ohr, »wäre es immer noch die schönste Nacht meines ganzen Lebens gewesen.«

»Meinst du das ernst?« fragte sie und sah ihn aus großen, leuchtenden Augen an.

»Ich will auf der Stelle tot umfallen, wenn ich dich jemals belüge«, flüsterte er ihr ins andere Ohr.

»Gut«, sagte sie und reichte ihm seine Jacke. »Dann habe ich wenigstens keine Gewissensbisse, wenn ich dich jetzt rausschmeiße. Gute Nacht.«

Ich kann Ihnen also nur raten, die schlechten Köder den Anglern zu überlassen. Konzentrieren Sie sich auf Ihr wirkliches Ich.

Das Gespräch beim Sex

Ganz genau läßt sich der Zeitpunkt nicht festlegen, aber irgendwann im Vorbereitungsstadium für den Sex beginnt die Unterhaltung zu stocken. Wenn die Unterwäsche langsam fällt und das Fleisch sichtbar wird, werden aus den langen rhapsodischen Satzgebilden mehr oder weniger mangelhaft komponierte Redefetzen, dann nur noch einzelne Worte, die wiederum einem kaum verständlichen

Gemurmel sowie Vokabeln weichen müssen, die aus einer einzigen Silbe bestehen.

Wie man leider zugeben muß, passiert das auch den redegewandtesten Herren der Schöpfung.

Die Literatur hat uns Liebessonette der großen Dichter erhalten. Haben Sie sich aber schon einmal gefragt, was diese Dichter wohl kurz vor dem sexuellen Höhepunkt gesagt haben? Wahrscheinlich hörte es sich ungefähr so an: »Ahhh! Bei mir kommt's! Ohhh! Tiefer!« Mit anderen Worten: Im Bett reden alle Männer den gleichen Unsinn. Auch Dichter.

Seinen Grund hat das zum Teil in physischen Phänomenen. Je erregter man ist, desto atemloser wird man. Und es ist schwer, zwischen Stöhnen, Grunzen und Seufzen noch einen richtigen Satz unterzukriegen.

Andererseits ist der Grund aber auch geistiger Natur. Ein Beischlaf nimmt Ihre Konzentration so sehr in Anspruch und beschäftigt Sie so stark, daß Sie es meistens ziemlich unpraktisch finden, sich in den kontemplativen Zustand zurückzuversetzen, der für geistreiche und gebildete Äußerungen erforderlich ist.

Und schließlich beruht die Unlust zur längeren Rede auf einer psychologischen Erscheinung. Die Seufzer und eindeutigen Vokabeln mit vier oder fünf Buchstaben sind ungemein *erregend.* Ein »Oh, holdes Kind, in deinen Armen lieg' ich« kann die meisten Männer leider nicht sehr beflügeln. »Blas mir einen, blas... beißen!« wirkt dagegen sehr.

Leider gibt es Frauen, die eine solche Sprache sogar im Bett abstoßend finden. Bei jedem »Pussy«, »Fotze«,

»Schwanz« und »Pint« zucken sie zusammen. Vielleicht lassen sie sich durch die plötzliche Veränderung im Benehmen des Partners schrecken und fürchten, sie seien mit einem vulgären Sittenstrolch ins Bett gegangen.

Natürlich können Sie Rücksicht darauf nehmen und Ihre Zunge ganz im Zaum halten. Ich möchte Ihnen allerdings etwas anderes raten: Machen Sie Ihrer prüden und empfindsamen Partnerin nur klar, daß Sie beim Liebesspiel mit ihr tatsächlich in gewissem Sinne zu einer Art Sittenstrolch werden. Es ist ein bißchen wie in den Filmen, in denen sich kreuzbrave Bürger nachts in Vampire verwandeln. Wenn Sie erst einmal nackt sind und eine Frau umarmen, haben Sie bereits einen Teil der natürlichen Hemmungen vertrieben. Sie sind nicht mehr der gepflegte und würdige Abteilungsleiter. Sie sind ein heißer, schwitzender, zuckender, bittender und unzurechnungsfähiger *Sittenstrolch*! Und deshalb rufen Sie: »Blas mir einen! Beiß mich! Ja... ohhh, jetzt!«

Manche Leute wollen Ihnen vielleicht weismachen, daß Sie in solchen Augenblicken Ihr *wirkliches* Ich offenbaren. Ob das stimmt, kann ich nicht entscheiden (ich neige eher zu der Annahme, daß Ihr *wirkliches* Ich morgens im Badezimmerspiegel sichtbar wird, wenn Sie sich mit zerknittertem Gesicht die Zähne putzen). Aber es ist sicherlich ein *Teil* Ihres wirklichen Ichs. Und wenn Sie Ihre Partnerin erst einmal überzeugt haben, daß schmutzige Äußerungen im Bett durchaus angebracht sein können und vielleicht zur gemeinsamen Ekstase beitragen, werden Sie es unter Umständen erleben, daß die eben noch so Keusche plötzlich dieselben schlimmen Dinge sagt: »Stoß mich« oder »Leck mich, Liebling!« Genau wie in den Porno-Büchern, die Sie heimlich im Wandschrank aufbewahren.

Übrigens spricht man ja auch von einem »Erguß«, wenn jemand eine unbeherrschte Äußerung wie beispielsweise »Ich will dich fertigmachen, du bist meine Sklavin!« von sich gibt.

Was könnte also besser passen?

Die Unterhaltung nach dem Sex

Endlich! Der endgültige Erguß, der Erguß, der *nicht* aus Worten besteht, ist gekommen. Sie haben einen Orgasmus gehabt. Die ekstatischen Seufzer und Schreie sind abgeklungen. Sie liegen im Bett und rekeln sich in den Armen Ihrer Geliebten. Was für eine Erfüllung! Was für ein herrliches Gefühl der Befriedigung! Und wenn es Ihnen wie mir geht, fallen Ihnen jetzt die Augen zu.

WACHEN SIE AUF! Gähnen Sie, blinzeln Sie, treiben Sie Gymnastik mit den Zehen, aber schlafen Sie um Himmels willen nicht gleich ein! Sicher, Sie haben recht, Schlaf wäre jetzt die natürlichste Sache von der Welt. Nach dem Samenerguß sind die meisten Männer befriedigt und werden müde. Frauen dagegen scheinen etwas außerhalb der natürlichen Grenzen zu leben, und Ihre Partnerin wünscht sich in diesem Augenblick, da sie sich Ihnen ganz geschenkt hat, weitere zärtliche Worte, mit denen Sie Ihre Liebe beteuern. Wenn es also gut war, erzählen Sie es ihr. Erzählen Sie ihr, wie Sie sich fühlen – berichten

Sie von all der Wärme und Zufriedenheit, die ich oben erwähnte! Fahren Sie fort, sie zu berühren, zu streicheln und zu liebkosen; drehen Sie sich nicht von Ihrer Partnerin weg, als wollten Sie nichts mehr mit ihr zu tun haben. Jetzt sind Ihre Bemühungen wichtiger denn je. Jetzt ist die Zeit für körperliches Nahesein gekommen.

Und die Zeit für eine Kommunikation mit Worten ist ebenfalls gekommen. Wahrscheinlich gibt es überhaupt keine Zeit, die für die echte Kommunikation zwischen zwei Liebenden geeigneter ist als die süßen Minuten nach dem gemeinsamen Höhepunkt. Sie haben Ihre Körper miteinander geteilt, und jetzt sollten Sie Ihre innersten Gedanken, all Ihre Sorgen, aber auch Ihre Träume miteinander teilen. Und sie sollten *zuhören* und alles über die Frau in Ihren Armen erfahren, was möglich ist. Was hat sie für Sorgen? Worüber freut sie sich am meisten? Hatte Sie eine glückliche Kindheit? Hat es Augenblicke gegeben, in denen sie versagte? Ihre Erfolge? Ihre Ziele im Leben? Dieser kleine Austausch von Worten kann eine wunderbare Wirkung auf Ihr Gefühlsleben haben. Wie immer, spreche ich auch jetzt aus eigener Erfahrung. Vor einer Reihe von Jahren, als ich mich durch berufliche Beanspruchung und meine Unfähigkeit, kleinere Enttäuschungen zu überwinden, beinahe hätte lähmen lassen, begann ich eine Behandlung bei einem bekannten Psychiater. Schon nach drei Sitzungen hatte er den Grund für meinen großen Kummer herausgefunden. Es waren nicht meine Probleme – die ließen sich relativ leicht bewältigen –, sondern die Tatsache, daß ich meine Probleme immer für mich behielt. »Alles, was Sie wirklich brauchen«, sagte er mir, »ist jemand, mit dem Sie reden können. Sie müssen Ihre Gefühle mit einem anderen Menschen *teilen*. Dann wird es Ihnen besser gehen, das garantiere ich Ihnen.«

Der Schlaumeier hatte die Lösung des Rätsels recht leicht gefunden, denn er konnte sofort sehen, daß es mir besser ging, wenn ich nur mit ihm redete. Und ihm ging es nur deshalb so gut, weil er für eine Stunde Zuhören 60 Mark bekam.

Ich befolgte seinen Rat aber trotzdem. Ich machte sofort Schluß mit der Behandlung und ging mit meinen Problemen zu ebenso erprobten und in emotioneller Hinsicht noch viel angenehmeren Helfern: zu Frauen. Zum erstenmal in meinem Leben gab ich mich den Frauen, mit denen ich das Bett teilte, rückhaltlos hin. Und wurde über die Maßen belohnt. Die Last meiner Sorgen und Befürchtungen schien vollkommen von mir abzufallen, wenn ich sie mit einer sympathischen Frau teilte. Und wenn ich ihre Gedanken und Ängste teilte, war das eine willkommene Abwechslung von den eigenen Problemen. Und natürlich ergab sich auf diese Weise ein Gefühl der Nähe, des gegenseitigen Verständnisses, das bei meinen früheren Beziehungen gefehlt hatte.

Ich habe es gelernt, im Bett zu reden. Das können Sie auch. Sie brauchen gar nicht schleimig oder verlogen zu sein, Sie brauchen nur ganz offen zu sein und das Vertrauen Ihrer Partnerin zu gewinnen. Sollten Sie es nicht schaffen, Ihre Maske fallen zu lassen und Ihre wirklichen Gedanken zu äußern, wenn Sie mit einer Frau im Bett sind, dann sind Sie allerdings in der Klemme. Sie müssen lernen, zu geben, zu vertrauen und das Ihnen

Anvertraute für sich zu behalten.

Das soll nicht etwa heißen, daß man nun nach Komplimenten oder falschem Lob haschen muß. Frauen zucken
unwillkürlich zurück, wenn man sie fragt »Wie war ich?«
oder »War ich besser im Bett als George?« Und ich weiß,
daß ich zurückzuckte, wenn eine Frau mich fragte, was
ich von ihren Brüsten hielte. (Übrigens, sollte tatsächlich
eine solche Frage gestellt werden, dann lüge ich – natürlich
so glaubwürdig wie möglich. Ich nehme an, daß die meisten Frauen ebenfalls lügen, um das sexuelle Geltungsbe-
dürfnis des Mannes nicht zu enttäuschen.)

Worüber Sie sonst noch reden können? Sie können
ihr den letzten Traum erzählen, den Sie gehabt haben,
und sie fragen, wie sie ihn deutet. Lauschen Sie dem Bericht über ihren letzten Traum und analysieren Sie ihn
für sie. Es kommt überhaupt nicht darauf an, ob Sie etwas
von Träumen oder Psychologie verstehen – schon das
Erzählen an sich wird Bände sprechen. Sie können auch
einen Witz zum besten geben, vor allem dann, wenn Sie
eigentlich nicht der Typ des Witzereißers sind. Sie können
zusammen lachen (besonders, wenn Sie die Pointe nicht
mehr zusammenkriegen). Berichten Sie ihr über ein pein-
liches Ereignis aus Ihrer Vergangenheit. Oder teilen Sie
einfach die Alltagssorgen aus dem Büro mit ihr.

Glauben Sie um Gottes willen nicht, daß Sie aufdringlich sind, wenn Sie von den eigenen Sorgen erzählen.
Auch sie braucht eine Schulter, an der sie sich ausweinen
kann. Stellen Sie sich also nicht so an. Und ich wette,
Sie werden herausfinden, daß man über die meisten Probleme lachen kann, wenn man sie mit einem anderen Men-

schen teilt. Geteilte Freud ist doppelte Freud – aber geteiltes Leid ist nur halbes Leid. Übrigens wurde auch der Schwarze Humor von Liebenden im Bett erfunden.

Und vergessen Sie eines nicht: So lange sie da ist, sind Sie nicht allein. Dafür sind Frauen erschaffen worden.

Und dafür sind auch Männer erschaffen worden.

12

Ihre Sorgen

Frauen sind nicht nur von verschiedener Größe und Figur, sondern haben auch die verschiedensten Probleme, Sorgen und Nöte. Es gibt kaum eine Frau, die sich nicht mit irgendeiner Sache herumschlägt, und die Probleme mancher Frauen sind so bedrückend, daß sie alles überschatten, was diese Frauen tun.

Denken Sie immer daran, daß Sex im Leben einer Frau nicht als selbständiges Teilgebiet betrachtet werden darf. Sie müssen mehr von Ihrer Partnerin kennen als nur die Stelle, wo der Penis eingeführt wird. Sie müssen sensibel genug sein, um die Ängste und Nöte, die das gemeinsame Liebesglück beeinträchtigen, zu erkennen und zu verstehen.

In diesem Kapitel werden wir einige der speziellen Probleme untersuchen, von denen Frauen geplagt werden. Und wir werden vorschlagen, auf welche Weise der SINN-LICHE MANN helfen kann, die Dinge wieder ins rechte Lot zu bringen.

Einige Tips für die Behandlung von Jungfrauen

»Die Defloration einer Jungfrau ist wie Krieg«, erklärte mir einmal ein Bekannter, der Soldat war. »Es ist eine schmutzige Sache, aber einer muß sie schließlich erledigen.«

Ich teile die Ansicht meines Bekannten über Jungfrauen (bzw. über den Krieg) keineswegs, doch die Jungfrauen-schaft, eines der schlimmsten Mißgeschicke, mit denen Frauen geschlagen sind, läßt sich schließlich auch so betrachten. Verstehen Sie mich jetzt bitte nicht falsch – immerhin sind einige meiner besten Freundinnen noch Jungfrauen. Dabei handelt es sich allerdings meist um kleine Mädchen. Ich muß mich aber doch dem allgemeinen Vorurteil gegen Frauen anschließen, die es geschafft haben, tugendhaft zu bleiben. Es scheint mir, daß eine Frau, die – ganz gleich, wie alt sie ist – aus eigenem Entschluß Jungfrau geblieben ist, nicht gerade eine vielversprechende Partnerin fürs Bett ist. Wenn sie die Jungfernschaft aus Gründen der Tugend so ernst nimmt, hat sie mit größter Wahrscheinlichkeit mehr sexuelle und emotionelle Probleme, als ich bewältigen kann. Zu viele Männer haben bereits jenen schnellen und tödlichen Schlag unter die Gürtellinie erlebt, als sie mit der Angebeteten auf einem

mondbeschienenen Parkplatz im Auto saßen: »Wenn ich
es mit dir treibe, hast du keine Achtung mehr vor mir.«
Sicher, meine Herren, Sie können mit der Dame disku-
tieren. Aber solche Diskussion würde sehr lange dauern,
und das Leben ist kurz. Lassen Sie es also bleiben.

Ich persönlich nehme mich noch aus zwei anderen –
sehr praktischen – Gründen vor Jungfrauen in acht:

1. Wenn sie noch so jung ist, daß die Jungfernschaft
durchaus angebracht erscheint, kann sie Sie ins Gefängnis
bringen. Ich möchte die goldenen Jahre meiner Sexualität
auf keinen Fall für die Möglichkeit opfern, daß irgendeine
Nymphe Hintergedanken hat und nach dem Liebesspiel
die Polizei alarmiert. Ich ziehe auf jeden Fall eine reifere
Frau vor.

2. Wenn eine Frau sich schon den Dreißigern nähert
und den größten Teil ihres Lebens auf einer verlassenen
Insel verbracht hat oder aus Protest gegen das Keusch-
heitsgelübde soeben aus dem Kloster entflohen ist, werde
ich ihr das Jungfernhäutchen natürlich nicht zum Vorwurf
machen. Sie hatte ganz einfach keine Gelegenheit zur Beseitigung des lästigen Organs. Als Partnerin fürs Bett
würde ich sie mir aber auch nicht aussuchen, denn vielleicht bringt ihre Unerfahrenheit mich zur Raserei. Außerdem ist es beim ersten Mal auch aus anderen Gründen
ziemlich unangenehm.

Aber jetzt Schluß mit der üblen Nachrede. Ich muß etwas
nachsichtiger mit Jungfrauen sein. Schließlich gibt es bei
jeder Frau ein erstes Mal.

(Ein Rat für meine Leserinnen, die noch Jungfrauen sind: Wenn Sie den ernstlichen Wunsch haben, Ihr unglückseliges Gebrechen zu heilen, dann lassen Sie sich auf keinen Fall von mir ins Bockshorn jagen! So verbohrt wie ich sind nur wenige Männer, und die meisten werden die Chance, Ihr Häutchen zu zerreißen, mit beiden Händen ergreifen – das ist, nebenbei gesagt, natürlich nicht die geeignetste Methode.)

Wie auch immer Ihre Gefühle Jungfrauen gegenüber aussehen mögen – eines Tages werden Sie vielleicht vor der Notwendigkeit stehen, ein solches Wesen zur Frau zu machen. Und zwar:

1. Wenn Sie so jung sind, daß alle weiblichen Wesen, an die Sie herankommen können, noch Jungfrauen sind.

2. Wenn Sie die seltene Frau treffen, deren Bemühungen um Defloration bisher fehlgeschlagen sind (dieses Thema wird oft in der Porno-Literatur behandelt).

3. Wenn sich zu Ihrer Überraschung im letzten Moment herausstellt, daß die von Ihnen verführte Dame noch Jungfrau ist. Solche Frauen tragen leider keine Erkennungsmarken.

4. Vielleicht *verlieben* Sie sich aus unerklärlichen Gründen in eine Jungfrau. Liebe ist bekanntlich blind.

Hier ein paar Ratschläge, die Sie für die Defloration einer Jungfrau fit machen.

Seien Sie sich zunächst darüber im klaren, daß Sie Ihre Liebestechnik anpassen müssen: Drücken Sie mehr auf die seelische als auf die körperliche Tube. *Ihnen* wird diese Nacht sicher nicht den großen Umschwung bringen. Vergessen Sie also die eigenen sexuellen Wünsche und konzentrieren Sie sich ganz darauf, Ihre Partnerin in das neue Reich der Liebe einzuführen. Sie können sich die Defloration sogar als eine Art religiöse Zeremonie oder als Ritual vorstellen (wie es in vielen Gesellschaften noch heute getan wird).

Die Entjungferung sollte sich in einer möglichst privaten und bequemen und intimen Umgebung abspielen. Experimente sind dabei nicht angebracht. Parken Sie also nicht im Mondenschein, denn dabei muß man den Körper wie ein Parterre-Akrobat verrenken, und dabei wird der diensthabende Polizist unter Umständen interessiert zuschauen. Ein unvorsichtiger Herr aus meiner Bekanntschaft suchte sich für die Entjungferung das Schlafzimmer seiner Freundin aus, und zwar zu einer Zeit, als man alle Augenblicke damit rechnen mußte, daß die Eltern zurückkommen würden. Sie kamen zurück, und mein Bekannter mußte sich in bester Komödientradition peinvolle Minuten unter dem Bett verstecken. Daß sie nach dem mißglückten Experiment nicht lebenslänglich Jungfrau geblieben ist, ist nachgerade ein Wunder!

Seien Sie also ruhig, liebevoll, zärtlich. Keuchen Sie nicht vor Lust los und rammen Sie ihr nicht mit voller Wucht den steifen Penis in den Leib. Sie müssen mit der Angst Ihrer Partnerin zurechtkommen – mit der Angst vor Schmerzen (unter Umständen ist es wirklich schmerzhaft) und, wenn sie noch unerfahren und nicht genügend aufgeklärt ist, mit der Angst vor dem Unbekannten. Überzeugen Sie sie davon, daß Sie ganz langsam und vor-

sichtig sein werden und daß Sie Ihren Penis sofort zurückziehen, wenn es am Anfang weh tun sollte. Am besten,
Ihre Partnerin *benutzt Sie*, um das Hymen zu durchstoßen
(wenn es noch intakt ist). Es ist nun einmal *ihre* große
Stunde, und sie muß so viel Vertrauen haben und sich
so wohl fühlen, wie die Umstände es erlauben.

Um die Dinge zu beschleunigen, können Sie ihr vorher
einen oder zwei Drinks geben. Alkohol in kleinen Mengen
nimmt Frauen einen Teil der Angst und macht sie unempfindlich gegen eventuell auftretende Schmerzen. Zu viel
Alkohol würde sie allerdings unempfindlich gegen das
beste Reizmittel machen, das es gibt – gegen die sexuelle
Erregung.

Sammeln Sie all Ihre süßen Liebesworte, Ihre manuellen
und oralen Techniken, bringen Sie die Angebetete auf
den Gipfel der sexuellen Erregung. Wenn Sie schon jetzt
einen Orgasmus hat, desto besser, das wird die Spannung
lockern (ich möchte Ihnen allerdings nicht empfehlen,
das Unvermeidliche auf die lange Bank zu schieben). Und
je erregter sie ist, desto eifriger macht sie weiter und desto
weniger spürt sie den Schmerz. Spielen Sie mit der Klitoris
und führen Sie dann und wann einen oder zwei Finger
in die Scheide ein, erweitern Sie die Öffnung etwas, indem
Sie das Jungfernhäutchen nach hinten drücken. Wenn das
Häutchen nicht sehr stark ausgebildet ist, wird es vielleicht
schon diesem Druck weichen.

Wenn Ihre Partnerin genügend erregt ist, nehmen Sie
die Position Gesicht an Gesicht ein: Sie liegt auf dem
Rücken, spreizt die Beine und winkelt sie an, damit das
Eindringen leichter wird. In dieser Stellung können Sie

auch die Hebelwirkung am besten ausnutzen. Achten Sie
darauf, daß genügend Gleitmittel (natürliche oder künst-
liche) vorhanden sind, und dringen Sie dann mit dem
Penis ein kurzes Stück in die Vagina ein. Jetzt *müssen*
Sie übrigens ein steifes Glied haben. Führen Sie es in
einem leichten Winkel nach oben in die Scheide. Nach
oben hin vergrößert sich die Öffnung etwas.

Warnung: In populären Männerbüchern defloriert der
Held Jungfrauen, indem er ihnen sein Glied so heftig
in die Scheide rammt, als wollte er nicht nur das Jungfernhäutchen, sondern dazu auch noch ein Dutzend anderer
Organe zerstören. Wenn Sie ihr also *unbedingt* weh tun
wollen, fahren Sie ihr bitte gleich mit der Feuerzange
in die Vagina! Besser für Ihre Partnerin wäre es allerdings,
wenn Sie langsam und leicht an die Sache herangingen.
Eine Vergewaltigung ist als Einführung in die Sexualität
nicht gerade ratsam.

Seien Sie andererseits aber auch nicht so zurückhaltend,
daß die Partnerin alle sexuellen Regungen fahrenläßt und
kein Vertrauen mehr zu Ihnen hat. Finden Sie einen
goldenen Mittelweg, indem Sie genau auf ihre Reaktionen
und Äußerungen achten. Stoßen Sie behutsam und zärtlich
(aber konstant), hören Sie dabei nicht auf, sie mit Worten
und Gesten zu beruhigen – bis Ihr Penis auf festen Widerstand trifft.

Jetzt wäre es grausam, auch weiterhin nur schwach
gegen das Hymen zu drücken und ihre Schmerzen zu
verlängern, ohne durchzubrechen. *Jetzt* ist es Zeit für
den heftigen Stoß, den die Romanschreiber so lieben, für
den jäh hochwallenden Schmerz, auf den (jedenfalls in

Büchern) immer eine Woge der Lust folgt.

Hier noch ein Tip. Beißen Sie ihr ins Ohr, bevor Sie zu dem schicksalschweren Stoß ansetzen. Oder kneifen Sie sie irgendwo heftig. Vielleicht schreit sie, aber der unerwartete Schmerz wird sie so sehr ablenken, daß sie den *wirklichen* Schmerz kaum noch empfindet.

Wenn Sie das Jungfernhäutchen hinter sich gebracht haben, peilen Sie die Lage. Bleiben Sie ein paar Augenblicke bewegungslos liegen, damit die frischgebackene Frau sich von dem kleinen Schock und dem Schmerz des Eindringens erholen kann. Falls sie einen Krampf kriegt, zittert oder hysterisch wird oder gar das Bewußtsein verliert (all das ist allerdings ziemlich unwahrscheinlich), ziehen Sie den Penis aus der Scheide und leisten Sie Erste Hilfe. Wahrscheinlicher ist, daß Sie bis zum Orgasmus weitermachen können, sobald der Schmerz vorüber ist. Seien Sie aber auch weiterhin behutsam und zärtlich. Erwarten Sie nicht gleich von ihr, daß sie im selben Moment wie Sie einen Orgasmus hat (obgleich man auch das schon gehört hat – besonders wenn sie einen Hang zum Masochismus hat).

Sparen Sie sich den verlängerten Beischlaf für eine andere Nacht auf, es sei denn, sie hat wirklich nur ganz minimale Beschwerden. Übrigens: Das Verheilen der Wunde dauert mindestens zwei Tage und höchstens eine Woche.

Wenn Sie nur unter Anwendung von Gewalt in den Hohlraum hinter dem Hymen eindringen können, geben Sie auf. Dann sollte Ihre Partnerin zum Arzt gehen und die Sache durch einen kleinen chirurgischen Eingriff erle-

digen lassen. Es ist für eine Frau nicht gut, bei den ersten
Beischlafversuchen ständig Schmerzen zu leiden. Das
kann ihre spätere Lust am Geschlechtsverkehr nachteilig
beeinflussen. Wenn Ihre Partnerin nach dem Akt blutet
(was nicht immer der Fall ist), lassen Sie sie die Schenkel
zusammendrücken und sich zurücklehnen. Tauchen Sie
dann einen Waschlappen in warmes Wasser, und entfernen
Sie Blut und Samen von der Vagina. Das wird ihr auch
zeigen, daß sie Ihnen *danach* genauso wichtig ist wie
vorher. Die Blutung hört nach kurzer Zeit auf. Wenn
nicht, holen Sie einen Arzt.

*Denken Sie immer daran, daß es für Ihre Partnerin
ein ganz besonderer Augenblick ist.* Küssen Sie sie,
nachdem Sie sie entjungfert haben, streicheln Sie sie und
machen Sie ihr ein paar Komplimente über ihren Mut.
Schildern Sie das wundervolle Leben voll sexueller Befriedigung, das vor ihr liegt, und zeigen Sie ihr, wie sehr
Sie sich freuen, daß Sie der *erste Mann* für sie waren.
Noch einmal: Seien Sie zärtlich, behutsam und liebevoll.

Und dann sollten Sie die Zeremonie mit einer passenden
Geste oder einem passenden Tribut krönen.

Ich empfehle Champagner.

Wie man frigide Frauen auftaut

Aus dem vorigen Abschnitt haben Sie vielleicht herausge-
lesen, daß ich das Problem der Jungfernschaft nicht allzu
tragisch nehme. Frigidität dagegen ist eine ganz andere
Sache. Das »Leiden« einer Jungfrau läßt sich innerhalb

weniger Minuten beseitigen.

Dieses Glück hat eine frigide Frau nicht. Sie wird unter Umständen ihr Leben verbringen, ohne auch nur ein einziges Mal wirklich befriedigende Sexualbeziehungen zu einem Mann gehabt zu haben, und ein Leben der Enttäuschung und Frustration ist nicht gerade eine Sache, über die gut lachen ist.

Gleich zu Beginn muß ich sie darauf hinweisen, daß eine frigide Frau in emotioneller Hinsicht keineswegs »kühl« und lieblos ist. Vergessen Sie diese weitverbreitete Fehlmeinung. Sicher, solche Frauen gibt es, aber über sie will ich nicht schreiben. Die frigide Frau, über die ich schreiben will, ist eine Frau, die eine gute Sexpartnerin sein *möchte,* die es aber aus irgendwelchen Gründen nicht schafft, zum Orgasmus zu kommen. Leider gibt es viele solche Frauen – das ist das Ergebnis der Scheinmoral vergangener Jahre, die den Männern alles, den Frauen aber nichts erlaubte.

Wenn ich über Frigidität schreibe, muß ich an eine meiner ersten Liebesaffären denken, an mein Erlebnis mit Joy, die wahnsinnig gut aussah und außerordentlich leidenschaftlich wahr – jedenfalls beim Küssen. Als wir aber zusammen im Bett lagen und ich ihre Brust anfaßte, lag sie plötzlich stocksteif da und reagierte überhaupt nicht mehr. Sie sagte kein Wort, stieß meine Hand auch nicht zur Seite, aber ich war noch so unerfahren, daß ich nicht kapierte. Ich legte mich wieder auf den Rücken und starrte die Decke an.

»Bist du nun böse?« fragte sie leise.

Ich nahm ihre Hand und drückte sie beruhigend.

»Nein, ich bin nicht böse. Nur überrascht.« Und das war die Wahrheit. Niemand *schuldet* mir Sex. »Ich kann einfach nicht«, flüsterte sie und schluckte, denn die Tränen begannen zu fließen. »Es tut mir wahnsinnig leid, ich kann es nicht erklären. *Ich kann einfach nicht.*«

Manche Männer hätten in diesem Augenblick vielleicht mit schlechter Laune reagiert, und manche hätten sich stumm auf das Mädchen gestürzt und sich einen Orgasmus gerammelt. Bei einem anderen Mädchen wäre mir das unter Umständen auch passiert. Doch schon als Neuling hatte ich etwas vom sinnlichen Mann in mir. Mit anderen Worten: Ich war bereit, Verständnis zu zeigen – Joy war schließlich ein Mensch und keine Ware. Ich sagte ihr, daß ich nicht böse sei, daß ich sie zwar erotisch anziehend fände, mich aber auf keinen Fall aufzwingen würde. Daß sie meiner Ansicht nach ein phantastischer Kumpel für tausend Dinge sei, die mit Sex nichts zu tun hätten. Schließlich sagte ich ihr noch, es täte mir leid, wenn ich ihre Gefühle verletzt hätte, und ich würde sie sehr gern wiedersehen. Das wirkte. Obgleich wir keinen Sex hatten, war der Abend gerettet. Wir verabschiedeten uns in aller Freundschaft mit einem langen warmen Kuß und verabredeten uns für den nächsten Abend.

Die Wochen vergingen, und Joy und ich lernten uns immer besser kennen. Ich erfuhr viel über ihre Vergangenheit. Sie war bei ihrer Mutter aufgewachsen, nachdem der Vater, ein Alkoholiker, die beiden schon früh verlassen hatte. Joy wurde in einer streng religiösen Umgebung erzogen, und ihre Mutter machte nie einen Hehl daraus, daß ihrer Meinung nach alle Männer egoistisch, grausam und wie die Tiere seien. Als Joy schließlich auf eigenen Füßen stand und nach Werten suchte, die auch für sie Gültigkeit hatten, schloß sie sich impulsiv einer religiösen Sekte an, deren Moralvorschriften so streng sind, daß dagegen sogar die Tabus der katholischen Kirche libertinös wirken. Vorehelicher und außerehelicher Sex gelten als schlimmste Sünden. Kein Wunder also, daß Joy vor Sex eine heillose Angst hatte. Ihr Leben lang hatte sie nur gehört, das sei Sünde, wenn man keine Kinder bezwecke.

Das Ironische an der Sache war aber nun, daß Joy nicht mehr Jungfrau war. Im Gegenteil: Ich war der einzige Mann, mit dem sie nicht schlafen wollte! Sie erzählte mir ganz offen, daß sie schon mit ziemlich vielen geschlafen hatte – auch in der Zeit unserer Bekanntschaft. Und das, obgleich sie mich – wie sie sagte – liebte, und ich glaubte ihr.

Nächtelang unterhielten wir uns darüber, und allmählich begriff ich die auf den ersten Blick so verfahrene Situation. Joy war so fest von der Sündhaftigkeit jeder sexuellen Betätigung überzeugt, daß sie sich selbst *strafte*, indem sie anderen Männern ihren Körper schenkte. Und weil sie mich liebte, wollte sie unsere Liebe nicht dadurch »beschmutzen«, daß sie auch mit mir ins Bett ging. »Ich liebe dich viel zu sehr, als daß ich dir meinen Körper geben könnte«, sagte sie.

Ich war nicht gerade begeistert von der Art, wie sie mir ihre Liebe bewies, aber ich war überaus gerührt. Ich wußte, daß sie auch mit mir ins Bett gehen würde, wenn

ich darauf bestand. Statt dessen hielt ich ihr jedoch eine
kleine Rede: »Joy, ich schwöre dir, daß ich niemals versuchen werde, dich durch Worte oder Taten ins Bett zu
zwingen, *niemals*. Und daß ich noch nicht einmal diesbezügliche Andeutungen und Avancen machen werde – bis
du mich darum *bittest*. Du wirst mich bitten müssen,
mit dir ins Bett zu gehen. Das ist ein Schwur!« Wie finden
Sie den Trick? Man nennt mich nur deshalb den sinnlichen
Mann, weil ich solche Tricks beherrsche.

Der Trick wirkte. Ich hatte Joy schon vorher bewiesen,
daß ich Wort halten konnte, und so war sie imstande,
sich in meiner Gesellschaft ganz locker und frei zu fühlen,
und brauchte nie zu befürchten, daß ich versuchen würde,
sie ins Bett zu schwatzen. Ich hatte ihr bewiesen, daß
ich vernünftig und verständnisvoll und sogar moralisch
war – und da ich so viel von Sex hielt, betrachtete sie
Sex jetzt anders, sah ihn als etwas Positives an, das mit
Liebe verbunden war, und nicht mehr als etwas Abstoßendes, das nur etwas mit Sünde zu tun hatte. Einen
Monat später lächelte sie verführerisch (ob frigide oder
nicht, sie war nun mal eine außerordentlich erotische
Person), küßte mich leidenschaftlich und flüsterte mir
ins Ohr: »Rate mal, was ich jetzt mache – ich bitte dich
darum.«

Das war zweifellos ein Höhepunkt in meinem Leben.
Ich machte es ihr (und mir) aber schwer. Ich brachte
sie dazu, mich *wirklich* zu bitten. Sie mußte mich davon
überzeugen, daß sie mit mir wirklich ins Bett gehen wollte,
daß sie es nicht nur tat, weil sie der Meinung war, sie
sei es mir schuldig. Ich ließ ihr jede Möglichkeit zum

Rückzug offen. Aber dann gab ich schließlich nach, als sie beinahe eine Viertelstunde lang gebeten und gebettelt hatte (es war wirklich eine lustige Szene). Der sinnliche Mann war gefallen.

Zu meiner Freude war Joy trotz der Schuldgefühle im Bett vollkommen ohne Hemmungen. Sie widmete sich meiner Befriedigung mit ganzem Herzen, streichelte meinen Penis, ohne daß ich sie dazu animiert hätte, und kostete alle Freuden des oralen Verkehrs aus. Trotz der religiösen Erziehung und des Vorurteils gegen alle Männer, das sie von ihrer Mutter geerbt hatte, war Joy in ihrem Innersten ein sehr leidenschaftliches Mädchen (also hatte mich mein erster Eindruck nicht betrogen). Wir gingen fast ein Jahr lang zusammen ins Bett.

Mein Erlebnis mit Joy ist ein grundlegender Tip für die Behandlung frigider Frauen. Zunächst müssen Sie verstehen, daß Sie es bei Ihrer Partnerin mit einer ganzen Reihe von irrationalen Befürchtungen, Vorurteilen und Schuldgefühlen zu tun haben. Sie müssen mit ihr *reden* und ihre Befürchtungen und Schuldgefühle bloßlegen, und danach müssen Sie ihr zeigen, wie unrecht sie damit hat. Sie können nichts erreichen, ehe Sie sie nicht davon überzeugt haben, daß sie Sex im Grunde ihres Herzens abstoßend und unmoralisch findet. Und dann können Sie mit der Heilung anfangen. Zweitens: Wenn Sie Ihrer frigiden Partnerin zum Orgasmus verhelfen wollen, müssen Sie von vornherein klarstellen, daß Sie, der Mann, im Bett alles andere als egoistisch sind. Viele frigide Frauen wurden (wie meine Joy) in dem Glauben erzogen, Männer wollten von Mädchen »nur das Eine«. Wenn Sie sie nicht vom Gegenteil überzeugen können, werden Sie kein Glück haben. Dann wird sie garantiert denken, Sie hätten nichts anderes im Sinn, als ihr unter den Rock zu fassen.

Drittens müssen Sie die Befriedigung *Ihrer Partnerin* in den Mittelpunkt stellen. Betonen Sie, wie schön, wie erregend, wie gut der Akt ist. Versuchen Sie, ihr begreiflich zu machen, was sie bisher versäumt hat. Und widmen Sie sich ihrer Befriedigung. Ich wiederhole: Sie müssen sie davon überzeugen, daß sie Ihren guten Absichten voll und ganz vertrauen kann. Natürlich muß sie auch *selbst* den Wunsch haben, aufzutauen. Und sie muß einen großen Teil der Arbeit selbst erledigen. *Die Sinnliche Frau* ist voll von Übungen, Techniken und Ratschlägen für Frauen, die jedem Mann im Bett gewachsen sein wollen. Die Lektüre dieses Werkes wird also wärmstens empfohlen. Vielleicht schaffen Sie es trotz aller Bemühungen doch nicht. Dann braucht Ihre Partnerin unter Umständen den Rat eines Arztes oder psychiatrische Hilfe. Immerhin wird von der frigiden Frau einiges verlangt. Sie soll

1. ihre überholten Moralbegriffe vergessen;
2. sich von den Schuldgefühlen befreien;
3. lernen, die eigene Sexualität zu akzeptieren;
4. ihren Körper trainieren, damit er sexuell reagiert;
5. ihre sexuellen Hemmungen abwerfen;
6. lernen, durch eigene Bemühungen zum Orgasmus zu kommen;
7. lernen, mit einem Mann zum Orgasmus zu kommen.

Ja, meine Herren, das ist keine leichte Aufgabe. Aber mit Ihrer Geduld, mit Ihrem Verständnis und mit Ihrer aktiven Hilfe können Sie die frigide Frau zu einer sinnlichen Frau machen, wie ich es bei Joy schaffte. Und denken Sie daran, das Beseitigen jeder Spur von Frigidität ist für Sie genauso wichtig wie für die Partnerin. Wenn es mir nicht gelungen wäre, Joy aufzutauen, hätte ihre Unfähigkeit zum Orgasmus auch mir den größten Teil der Freude am Akt geraubt. Wir wären nie gleichberechtigte Partner unter der Bettdecke gewesen, und tief in meinem Inneren hätte ich mich dauernd gefragt, ob sie die Männer – und mich – wegen ihres Sexualdrangs nicht immer noch als tierisch empfindet. Nicht so wichtig? Im Gegenteil! Schließlich sind auch wir Männer irgendwo empfindlich, und wir müssen glauben können, daß unsere Frauen uns im Bett im gleichen Maße schätzen, wie es im nichtsexuellen Alltag der Fall ist.

Um es noch einmal zusammenzufassen: Meiner Ansicht nach ist die frigide Frau heutzutage das größte Hindernis auf dem Weg zur sexuellen Erfüllung – sie ist sogar ein noch größeres Hindernis als der rohe und sexuell inkompetente Mann.

Nur wenn die Frauen sich sexuell befreien, werden sie und die Männer wahre sexuelle Befriedigung finden.

Wie man sich vor einer Nymphomanin in acht nimmt

Es gibt auch Frauen, denen (wie einigen Männern) irgend etwas zu fehlen scheint – die Fähigkeit zur echten Liebe, zum Geben. Eine Frau, die diesen Mangel durch unermüdliche sexuelle Eskapaden mit unzähligen Männern beseitigen will, nennen wir eine Nymphomanin.

Die Nymphomanin will unbedingt etwas beweisen, und zwar hauptsächlich sich selbst. Sie schafft es aber nicht. Jedes sexuelle Abenteuer ist ein verzweifelter Versuch, wirklich »etwas zu fühlen«, und jeder Fehlschlag erhöht ihre Enttäuschung und Frustration. Eine Nymphomanin ist nicht zu beneiden.

Auch Ihnen wird es kaum gelingen, aus eigener Kraft eine Nymphomanin zu »heilen«, und wenn Sie Ihre Fähigkeiten als Liebhaber noch so hoch einschätzen. Kein Penis ist groß oder ausdauernd genug, um sie zu befriedigen. Ich kann Ihnen also nur raten, Nymphomaninnen so frühzeitig wie möglich zu erkennen und jedes Techtelmechtel mit ihnen zu vermeiden. Sie haben kaum etwas zu gewinnen – aber viel zu verlieren.

Woran kann man aber eine Nymphomanin erkennen? Achten Sie auf das weibliche Gegenstück von Don Juan. Sie lebt von ihrer Sexualität, von ihrer Fähigkeit, eine ganz bestimmte Maske zu tragen. Diese Maske signalisiert »heiße Ware«. Denken Sie aber an die alte Weisheit der Werbeleute: »Je größer die Werbung, desto schlechter das Produkt.« *Die Nymphomanin ist nur an der Oberfläche sexy.*

Eine echte Nymphomanin erkennt man außerdem noch daran, daß sie einem nie etwas »gibt«, es ist alles nur Gerede. Auch beim Geschlechtsakt wird sie den Partner nur benutzen. Sie will ihn besiegen – die althergebrachten Rollen des Liebesspiels sind also vertauscht. Die Nymphomanin ist eine Frau, die Männer ausnutzt und sie dann fallenläßt. Hüten Sie sich vor Frauen, die trotz ihrer betont erotischen Ausstrahlung einen kühlen Eindruck machen. Hüten Sie sich vor der egoistischen Sex-Katze!

Wenn Sie trotzdem auf eine Nymphomanin reinfallen, dann viel Glück! Sie werden nie bis zu ihrem Herzen vordringen. Sie werden für Ihre Liebe nie Gegenliebe empfangen. Geschlechtsverkehr mit einer Nymphomanin wird mechanisch und kalt bleiben. Und Sie werden es nie schaffen, sie zu halten. Sie wird pausenlos einen anderen Mann brauchen, der ihr bestätigt, daß sie sexuell anziehend ist.

Seien Sie aber nicht voreilig. Bezeichnen Sie eine Frau nicht schon deshalb als Nymphomanin, nur weil sie mit vielen Männern schläft. Vielleicht übertrifft ihre Liebes- und Genußfähigkeit die Kapazität der meisten anderen Frauen. Vielleicht liebt sie das Leben zu sehr, um es an einen einzigen Mann zu ketten – aber die kleine Portion Leben, die sie Ihnen zubilligt, kann durchaus die permanente Hingabe einer weniger leidenschaftlichen Frau aufwiegen, die nicht so liebesfähig ist.

Noch einmal: Hände weg von Nymphomaninnen!

Über den Berg kommen: Sex während der Schwangerschaft

Irgendwann im Laufe Ihrer Karriere als Liebhaber werden Sie auch einmal Geschlechtsverkehr mit einer Schwangeren haben. Vielleicht handelt es sich dabei sogar um Ihre eigene Frau. Nichts wie ran.

Abgesehen von einigen Ausnahmen, auf die ich noch
zu sprechen komme, sind Frauen während der Schwangerschaft genauso erotisch wie sonst, und viele von ihnen
reagieren in jener Periode sogar noch leidenschaftlicher.

Während der Schwangerschaft braucht man selbstverständlich keine Angst vor einer neuen Schwangerschaft
zu haben. Es sind keinerlei Verhütungsmaßnahmen oder
Beischlaf-Unterbrechungen notwendig, und Ihre Partnerin kann sich ganz hingeben. Sie liebt den Zustand der
Schwangerschaft, ihre Brüste sind größer und fester, und
ihr Körper ist wundervoll gerundet.

In den ersten drei Monaten leidet sie vielleicht häufiger
unter Übelkeit, Erbrechen oder Blähungen – all das kann
jede sexuelle Lust abtöten. Wenn das so ist, respektieren
Sie also ihre Wünsche und nehmen Sie Abstand vom Liebesspiel, falls sie nicht interessiert ist.

Manchen Frauen (besonders denen, die zu Frühge-
burten neigen) wird Sex in den ersten drei Schwanger-
schaftsmonaten vom Arzt verboten, weil er befürchtet,
daß die Kontraktionen des Gebärmutterkanals, die bei
jedem Orgasmus auftreten, zum vorzeitigen Abstoßen
der Frucht führen.

Natürlich hat das Stadium der Schwangerschaft auch
Auswirkungen auf die Beweglichkeit im Bett. Normalerweise wird Ihre Partnerin aber genauso leidenschaftlich
sein wie sonst – oft noch mehr, denn die weiblichen Ge-
schlechtsorgane werden zur Zeit der Schwangerschaft viel
stärker durchblutet.

Nach dem dritten Monat dürfen Sie sich in jeder er-
denklichen Position lieben, die der Bequemlichkeit noch

zuträglich ist. Achten Sie aber darauf, den Bauch Ihrer Partnerin nicht mir Ihrem ganzen Gewicht zu belasten, und rollen Sie sie nicht so oft herum, wie Sie vielleicht möchten.

Benutzen Sie Zunge, Hände, Finger und Penis genau wie sonst. Passen Sie auf, wie empfindlich sie reagiert, dringen Sie nur langsam und nur so tief ein, wie die Schwangere ohne Beschwerden ertragen kann. Versichern Sie ihr auf jeden Fall auch mit Worten, daß sie genauso begehrenswert ist wie früher – oder noch begehrenswerter, wenn sie *Ihr* Kind trägt.

Wenn sie es bequemer findet, Ihnen auf oralem Weg einen Orgasmus zu verschaffen, müssen Sie die Freuden des vaginalen Koitus so lange vergessen, bis auch ihr wieder danach zumute ist.

Belasten Sie sie mit zunehmender Körperfülle immer weniger, benutzen Sie Positionen, bei denen sie ganz bequem liegen kann. Hier ein paar Stellungen, die ich für den Akt mit einer schwangeren Frau empfehlen möchte:

1. Sie legen sich beide auf die Seite, wobei Ihre Partnerin Ihnen den Rücken zukehrt. In dieser Lage können sie den Penis von hinten einführen, ohne daß Sie auch nur den geringsten Druck auf den Bauch der Schwangeren ausüben. Außerdem haben Sie die Hände frei und können Klitoris und Brüste stimulieren (während einer Schwangerschaft sind Brüste und Brustwarzen manchmal extrem empfindlich – seien Sie also vorsichtig und reagieren Sie sofort auf jede Bewegung oder Geste, mit der Ihre Partnerin zeigt, daß sie irgendwelche Beschwerden hat.

2. Ihre Partnerin legt sich mit dem Rücken so auf das Bett, daß sich die Beine in der Luft befinden und sie die Füße auf einen Stuhl oder Sessel legen kann. Sie spreizt die Beine so weit, daß Sie sich dazwischen hinknien und auf diese Weise die Vagina erreichen können. Legen Sie sich dabei Kissen oder ähnliches unter die Knie, damit Ihr Penis auf gleicher Höhe mit der Vagina ist. Nach der üblichen Klitoris- und Scheidenstimulation können Sie dann ohne jede Schwierigkeit eindringen. Dies ist nicht nur eine ausgezeichnete Position für Schwangere, sondern auch für Leute mit extrem großem Bauch.

3. Auch die T-Position eignet sich hervorragend für Schwangere. Dabei liegt die Frau flach auf dem Bett, wobei sie so nahe wie möglich an das Kopfende rückt. Der Mann legt sich in Höhe der Oberschenkel quer zu ihr. Er hebt die Beine der Partnerin hoch, damit er sich zwischen ihren Knien und dem Bett befindet. Dann kann er in die Vagina eindringen, ohne daß irgendwo ein lästiger Druck entsteht.

4. Beugen Sie Ihre Partnerin zärtlich (zärtlich müssen Sie übrigens immer sein!) über einen weichen, gepolsterten Stuhl oder Sessel, und dringen Sie nach Art der Hunde von hinten ein – das ist großartig, und Sie können an den üppigen Brüsten oder an der Klitoris spielen (oder beides, was ich persönlich vorziehe).

Solange Ihre Partnerin sich dabei geistig und körperlich wohl fühlt, sind alle Dinge gestattet, die auch beim Akt mit einer Nichtschwangeren gestattet sind.

Vaginismus und Dyspareunie

Vaginismus und Dyspareunie sind wissenschaftliche Ausdrücke, an denen man sich die Zunge verrenken kann. Mit ihnen werden spezifisch weibliche Probleme umschrieben, die allerdings ziemlich selten sind: unwillkürliche Verkrampfungen im äußeren Drittel der Vagina, die ein Eindringen des männlichen Glieds nur teilweise oder überhaupt nicht gestatten (Vaginismus), und Schmerzen beim Geschlechtsverkehr (Dyspareunie).

Wenn Sie auf Grund irgendwelcher Unregelmäßigkeiten beim Akt vermuten, daß die große Liebe Ihres Lebens unter dem körperlichen und seelischen Trauma leidet, das im Gefolge der beiden Krankheiten unweigerlich entsteht, versuchen Sie um Gottes willen nicht selbst, sie zu heilen. Auch die raffinierteste Liebes- und Verführungstechnik wird unwirksam bleiben. Bringen Sie sie statt dessen umgehend zum Gynäkologen der Stadt.

Besonders eine Dyspareunie läßt sich nur schwer diagnostizieren, weil die dabei auftretenden Beschwerden noch auf vielen anderen medizinischen Erscheinungen basieren können – beispielsweise auf einer Allergie auf empfängnisverhütende Sprays, Gelees, Suppositorien oder Cremes, auf dem Gummi des Scheidendiaphragmas, auf Altersvaginitis oder auf Endometriosis (Entzündung der inneren Gebärmutterschleimhaut), auf schlecht durchgeführten Abtreibungen oder einem Riß im Sehnengewebe, auf chirugischen Fehlern beim operativen Entfernen der Gebärmutter, auf Karzinomen an den Fortpflanzungsorganen, auf Zysten im Eierstock oder Tumoren im Uterus.

Für Dyspareunie gibt es noch hundert andere mögliche Ursachen, deren Namen ich nicht aussprechen oder schreiben kann. Sie alle können Schmerzen beim oder nach dem Akt hervorrufen.

Vaginismus läßt sich meistens leichter diagnostizieren und von einem erfahrenen Arzt relativ schnell heilen.

Ich finde, nach Lektüre des obigen Abschnitts sollten Sie froh sein, daß Sie keine Frau sind. Aber freuen Sie sich nicht zu früh. Denn es gibt auch *Männer*, die mit Dyspareunie zu kämpfen haben. Darauf komme ich später noch einmal zurück.

13

Seine Sorgen

Als wäre es noch nicht genug, daß Sie sich intensiv mit den Sorgen Ihrer Partnerin beschäftigen müssen – auch mit sich selbst haben sie genügend Probleme. Außer den »großen« Problemen wie Erektionsschwierigkeiten oder vorzeitiger Ejakulation gibt es noch eine ganze Menge anderer Sorgen körperlicher und seelischer Art, die einer besonderen Behandlung bedürfen: Krankheiten, psychologische Störmanöver (ich rede gar nicht erst von der Gefahr, daß Sie plötzlich zur Salzsäule erstarren könnten). Diese Probleme sind aber durchaus zu überwinden; einige sind sogar ganz trivial. Jeder einigermaßen vorausschauende Mann kann die Fährnisse des Sex umschiffen und alle psychologischen Hürden nehmen, die sich ihm in den Weg stellen. Er braucht sich nur mit einigen Kenntnissen zu wappnen. Und diese Kenntnisse folgen jetzt.

Tut sie es oder tut sie es nicht?

Sie tut es ganz bestimmt. Das Problem ist nur, *für wen*
sie es tut. Heute wird diese Frage nicht mehr so häufig
gestellt. Als ich jedoch noch ein junger Mann war (kein
Teenager, sondern ein junger *Mann*), war sie Gegenstand
unentwegter Diskussionen unter meinen Kameraden.
»Wird sie sich hinlegen?« fragte der eine. »Wie ein Anker«,
antwortete ein anderer. Damals betrachteten wir die Sache
etwas anders: Es machte gar keinen Unterschied, *wer*
mit einem Mädchen ins Bett gehen wollte – entweder
sie war der Typ, der »es tat«, oder sie war der Typ,
der »es nicht tat«. Wenn sie sich von *einem* jungen Herrn
erweichen ließ, wurde stillschweigend angenommen, daß
sie sich von *allen* erweichen lassen würde. Und wenn
niemand von uns sie gehabt hatte – gut, dann war sie
eben eine, die es nicht tat, und die Tatsache, daß wir
alle ziemlich üble Kerle waren, war absolut nicht dafür
verantwortlich. Natürlich gibt es auch heute noch diese
zwei Gruppen von Frauen:

Gruppe A: die, die es tun.

Gruppe B: die, die es nicht tun.

Im Gegensatz zu früher sind die Frauen der Gruppe A
jedoch weit zahlreicher geworden. Heute gibt es ungefähr
zehnmal soviel A-Frauen wie B-Frauen. Die Doppelmoral
zerbröckelt langsam, und immer weniger Frauen bemühen
sich, auch nur so zu tun, als seien sie noch Jungfrauen.
Vorehelicher Geschlechtsverkehr ist längst nicht mehr so
skandalös wie einst; wegen der Pille ist er auch nicht

mehr so riskant, und wenn man eine junge Dame als »Jungfrau« bezeichnet, gilt das bereits als grobe Beleidigung ihrer erotischen Ausstrahlung.

Folglich zögert heute kaum noch eine Frau, wenn es darum geht, gelegentlich mal ein kleines Abenteuer zu haben, ohne gleich von Ehe zu reden. Das heißt allerdings nicht, daß sie nun gleich mit *jedem* ins Bett hüpft. Vielleicht hat sie es für Ihren Freund Fred getan, aber bestimmt nur, weil sie ihn aus irgendwelchen Gründen attraktiv gefunden hat. Erwarten Sie also nicht, daß sie bei der nächsten Gelegenheit auch mit Ihnen anbändelt. Die meisten Frauen achten genau darauf, mit welchem Mann sie schlafen.

Natürlich können Sie dafür in Frage kommen, solange Sie nicht zu selbstsicher sind und nicht von vornherein zeigen, daß Sie mit ihrer »Mitarbeit« rechnen. Hier ein paar Regeln, mit deren Hilfe Sie ganz sichergehen, daß Frauen, die es tun, es auch mit Ihnen tun:

1. Seien Sie Herr der Lage und gehen Sie nicht zu schnell ran. Die meisten Frauen kann man zwar ins Bett kriegen, aber es gibt kein Gesetz, wonach man es bereits am ersten Abend tun müßte. Wenn Sie pausenlos an ihr herumfummeln und darauf bestehen, schon eine Stunde nach der Bekanntschaft mit ihr ins Bett zu gehen, wird sie natürlich denken, sie hätte es mit einem ungehobelten Triebmenschen zu tun (und das stößt Frauen ab).

2. Seien Sie angriffslustig – aber dosieren Sie gut! Sie brauchen nicht darauf zu warten, daß Ihre Partnerin den ersten Schritt tut. Eine Frau ist durch ihre Erziehung, durch die Gesellschaft und durch ihre Instinkte darauf

trainiert worden, den ersten Schritt des Mannes abzuwarten. Solange Sie nicht zu heftig und ungeduldig vorgehen, wird sie sich wegen Ihrer Avancen nicht beleidigt
fühlen. Und ihre Reaktionen auf das einleitende Liebesspiel zeigen Ihnen, wie schnell Sie weitermachen können.

3. Wenn Sie schließlich im Bett sind, versuchen Sie
auf keinen Fall, ihr den Eindruck zu vermitteln, Sie hätten
von Anfang an gewußt, daß sie es mit Ihnen tun würde.
Machen Sie ihr klar, daß Sie sich geehrt fühlen und es
sehr hoch zu schätzen wissen, einer solchen Gunst für
würdig befunden zu sein. Und was immer Sie tun – sagen
Sie niemals: »Man hat mir schon gesagt, daß du es tust.«
Damit würden Sie alles, aber auch alles verderben.

Und zu guter Letzt noch ein Punkt, den Sie bedenken
sollten: Auch die Frau, die »es tut«, gibt Ihnen etwas
Besonderes zu verstehen, wenn sie es mit Ihnen tut. Sie
sagt Ihnen, daß sie Sie attraktiv findet. Entweder liebt
sie Sie, oder sie mag Sie zumindest sehr gern. Zahlen
Sie es ihr also nicht dadurch heim, daß Sie überall in
Ihrem Bekanntenkreis verbreiten, »sie rammelt wie ein
Kaninchen« oder so ähnlich. Zeigen Sie ein bißchen
Dankbarkeit und Respekt für das Geschenk der Liebe,
das sie Ihnen macht.

Sexuelle Erpressung

Sie laufen kaum Gefahr, in diese Art geschmackloses Spiel
verwickelt zu werden – es sei denn, Sie sind verheiratet.
Dann ist es oft zu spät.

Ist Ihnen schon einmal jene liebliche Blondine begegnet, die aussieht, als könnte sie kein Wässerchen trüben? Und dann sagt sie: »Wenn du mich nach Acapulco mitnimmst, schlafe ich mit dir!« Au! Ziehen Sie schnellstens Leine. Wenn nicht, werden Sie ein dreifacher Verlierer sein. Sie wird Ihnen nur bei einer Gegenleistung etwas geben – gegen einen Nerz, Ringe, einen Sportwagen, irgendeine Kleinigkeit. Sie wird Sie dulden und nicht begehren. Und sie wird so schnell die Achtung vor Ihnen verlieren, daß Sie das Gefühl haben, schon seit zwanzig Jahren verheiratet zu sein.

Auf einer Party geriet ich kürzlich in eine Gruppe teuer gekleideter Damen aus den schicken Vororten, deren Unterhaltung sich ungefähr so anhörte:

»John macht es jeden Mittwoch mit mir.« Eine andere bemerkte: »Solange ich jedes Jahr ein neues Auto bekomme, kann er mich ruhig zweimal im Monat haben.«

Ich wette, er will sie nicht zweimal im Monat oder zweimal im Jahr – er *kauft* sie sich. Aber auch er ist ein Verlierer. Sie achtet ihn nicht und ist grausam genug, diese Tatsachen jedermann wissen zu lassen. Ohne Achtung muß Liebe absterben. Eine Frau braucht, ja sehnt sich nach einem zärtlichen, kraftvollen und anspruchsvollen Mann. Wenn sie den Mann beherrscht oder lächerlich macht, kastriert sie ihn. Ein guter Freund von mir fand für die »Ich laß dich«-Situation folgende Lösung. Er kam eines Abends sehr spät nach Hause (die Kinder waren gerade im Ferienlager), machte eine kleine Lampe an und riß seiner Frau Lockenwickler und Flanellnachthemd herunter. Auf ihr empörtes »Bist du verrückt geworden?« reagierte er nur mit einem: »Halt den Mund, du Nutte!« Dann warf er sie nackend auf den Fußboden und bumste sie so lange, bis sie glaubte, den Verstand zu verlieren. Danach sagte er ihr: »Das ist das letzte Mal, daß ich deinen Hintern angefaßt habe. Ich werde es erst dann wieder tun, wenn du darum bittest.«

Seitdem ist sie eine glückliche Ehefrau mit strahlenden Augen, und er ist wieder ein Mann.

Sex sollte weder von Frauen noch von Männern als Ware betrachtet werden. Eine Frau sollte es niemals über sich ergehen lassen – sie sollte es wollen, sollte sich danach sehnen. Sie sollte den Wunsch haben, daß ihr Partner sie küßt und leckt und es so lange mit ihr treibt, bis sie sich nicht mehr rühren kann.

Dem sinnlichen Mann stehen so viele warmherzige und liebevolle Frauen zur Verfügung, daß er es nicht nötig hat, seine Zeit mit einer Frau zu vergeuden, in deren Scheide ein Blankoscheck auf seine Unterschrift wartet.

Die Schönheitsfalle

Ich bin schon mit einigen der schönsten Frauen dieser Welt ausgegangen: mit Berühmtheiten, Filmstars, Fotomodellen... aller Art, Form, Größe und Farbe. Viele von ihnen waren zwar zärtlich, zu allem bereit und im Bett irrsinnig aufregend, aber die meisten sind doch völlig von ihrem Aussehen abhängig und geben sich bei der Kunst der Liebe keinerlei Mühe. Besonders die schmalhüftigen und flachbrüstigen Fotomodelle gehen von der falschen Voraussetzung aus, Männer würden ihre Mängel wegen des Prestiges, sich mit ihnen in der Stadt sehen zu lassen, gänzlich übersehen.

Zu viele von ihnen geben nichts. Man darf ihr Make-up nicht verschmieren. Man darf ihre Frisur nicht in Unordnung bringen. Man darf ihre empfindliche Haut auf keinen Fall irgendwie reizen. Ihre Terminkalender und Karrieren stehen immer an allererster Stelle.

Spielen Sie also bei niemandem die zweite Geige! Es gibt nämlich auch wunderschöne und intelligente Frauen, die den sinnlichen Mann in ihrem Leben und in ihren Armen willkommen heißen, die Ihre Gefühle und Ihre Leidenschaft teilen, ohne den Ort und den Zeitpunkt für Auftritt und Abgang genau vorauszuplanen – doch solche Frauen sind selten.

Ich erinnere mich an das hübsche kleine Starlet und Fotomodell, das meine Firma als Begleiterin für mich ausgesucht hatte, als ich zu einem Termin nach Hollywood fliegen mußte. Wir gingen auf eine große Party im Haus eines bekannten Schriftstellers. Meine Begleiterin paßte sehr gut auf, als ich sie einer Berühmtheit nach der anderen vorstellte, aber während sie so an meinem Arm hing, merkte ich genau, daß es ihr nur darum ging, irgendeinen Regisseur aufzugabeln. Das war nicht nett von ihr. Da ihr an jenem Abend der Absprung zur großen Karriere nicht glückte, war sie durchaus bereit, auch mit mir vorlieb zu nehmen. Ich brachte sie nach Hause, lehnte die Einladung »auf einen Drink« zu ihrer Überraschung jedoch höflich ab. Ich wußte sehr gut, daß der »Was werden Sie für mich tun«-Preis mir jede Möglichkeit zu ungehemmtem und genußvollem Sex verbauen würde.

Es gibt Männer, die sich unbedingt ein hübsches Mädchen an den Arm hängen müssen – um bei ihren Bekannten Eindruck zu machen, um ihr Image aufzubessern.

Sie zahlen einen zu hohen Preis für ein schönes Gesicht oder einen reizvollen Körper, wenn sich darunter nur ein hohles, dummes, statusbesessenes Wesen verbirgt, dem es einzig und allein darum geht, von Ihnen in das schickste Restaurant oder den teuersten Nachtklub geführt zu werden, wo man gesehen wird. Ein guter Freund von mir – gut aussehend, wohlhabend, häufigem Partnerwechsel nicht abhold – fällt unweigerlich auf diese Art Mädchen rein. Ich werde nie begreifen, wieso er derartige »Verzierungen« nötig hat. Kürzlich war eine seiner Errungenschaften nachts so sauer, weil er sie nicht zur Eröffnung einer neuen Diskothek mitgenommen hatte, daß sie ihn um 3 Uhr – beide waren völlig betrunken – an die Luft setzte und nach Hause schickte. Er kam mit dem Auto von der Straße ab und landete im Krankenhaus.

Aber er ist trotzdem nicht klüger geworden. Ich glaube, er hat pausenlos Angst, bei einer Beziehung zu versagen, bei der beide Seiten aus freiem Willen geben und nehmen, und deshalb wählt er einen hübschen Ersatz, der ihm wenigstens einen Teil der Minderwertigkeitskomplexe nimmt. Es ist wirklich traurig, daß er sich selbst um die schönsten Stunden seines Lebens bringt.

Sicher, der sinnliche Mann kann fast alle Frauen erregen, aber die Schönheitsfallen sind in den meisten Fällen die Mühe gar nicht wert. Im Bett sind zahlreiche Starlets und Fotomodelle eine glatte Katastrophe. Vergessen Sie nie, daß auch eine weniger hübsche Frau durch Liebe schön wird. Wenn Sie also eine schöne Frau brauchen, können Sie sich Ihre eigene Schönheitsfalle bauen – voll von gutem Sex und selbstloser Zärtlichkeit.

Tränen – und wie man mit ihnen zurechtkommt

Die meisten Männer sind verloren, wenn eine Frau zu weinen beginnt. Häufig sind Tränen ein emotionelles Ventil für Frauen (und manchmal ihre tödlichste Waffe). Der Durchschnittsmann geht schon beim ersten Anzeichen einer Träne in Verteidigungsstellung: Er steht da, ringt die Hände und fragt sich, was er verbrochen hat. Oder was er nach Meinung der Frau tun soll. Er kann nicht begreifen, warum eine sanfte, normale, sensible und offensichtlich durchaus vernünftige Frau plötzlich in einen Strom von Tränen ausbricht.

Als erstes denkt er, sie weinte *seinetwegen* – wegen einer Sache, die er getan, gesagt oder nicht getan hat. Das ist unter Umständen jedoch nicht der Fall. Vielleicht weint sie auch, weil ihr Reißverschluß klemmt, weil sie eine Laufmasche hat und deshalb zu spät ins Theater kommen wird, weil ihre Frisur zusammenfällt oder weil jeden Augenblick ihre Periode einsetzen kann. Vielleicht ist sie auch vollkommen *glücklich* und zeigt es mit Tränen. Starke Gefühle aller Art bringen manche Frauen zum Weinen – besonders auf Hochzeiten.

Natürlich ist es auch möglich, daß sie traurig ist. Sie, der Mann, müssen verreisen, und die Aussicht auf eine

Trennung entlockt ihr, der Frau, beim Abschied eine oder
zwei Tränen. Vielleicht weint sie, weil sie sich einbildet,
irgendwelche Fehler zu haben, die sie zu einer weniger
vollkommenen Partnerin machen. Oder sie ist einfach
nur ein bißchen deprimiert, wie es uns allen gelegentlich
passieren kann.

Wenn sie die Tränen auf einen dieser Umstände zurückführen können, gehen Sie zu ihr und beruhigen Sie sie.
Vermitteln Sie ihr das Gefühl, daß sie geliebt und ge-
braucht wird. Küssen Sie ihre Tränen zärtlich hinweg
und halten Sie sie ganz fest. Sagen Sie ihr, daß nichts
außer ihrem Glück wichtig ist. Und vertreiben Sie die
Sintflut geduldig.

Wenn es aber scheint, als seien *Sie*, der Mann, Ursache
des Unglücks, versuchen Sie herauszufinden, womit Sie
sie aus der Fassung gebracht haben. Und entschuldigen
Sie sich, wenn Sie wirklich unfair waren, versprechen Sie
Besserung und bitten Sie um Vergebung Ihrer Sünden
(zumindest aber um Verständnis, wenn Ihnen andere Be-
weise der Reue zu schwerfallen).

Versuchen Sie auf jeden Fall herauszufinden, weshalb
sie weint. Sonst wird sie noch entdecken, daß sie Sie jedes
Mal unglücklich machen kann, wenn sie den Tränenhahn
aufdreht.

Und das ist die wirkliche Gefahr. Denn es gibt Frauen
– Gott sei Dank sind es nur wenige –, die Tränen als
Waffe benutzen. Sie benutzen Tränen, um Sie zu ärgern,
unter Druck zu setzen, um Ihnen einen Schuldkomplex
einzuimpfen oder um von den eigenen Fehlern abzulenken. Sie weinen, wenn sie etwas Bestimmtes wollen.

Sie weinen, wenn sie etwas Bestimmtes nicht wollen. Sie
weinen jedes Mal, wenn Sie, der Mann, nicht genau das
tun, was ihnen paßt.

Wie man mit solchen taktischen Tränen zurechtkommt?
Die eine Methode ist, der Zweck-Weinerin direkt ins Gesicht zu lachen. Ja, ich sagte *lachen*. Nichts kann den
Tränen einer solchen Frau schneller Einhalt gebieten. Sie
wird es einfach nicht fassen, daß jemand fähig ist, sie
in diesem Zustand auszulachen, und dieser Schock wird
die Tränen umgehend versiegen lassen. Vielleicht wird
sie dann wütend und wirft mit dem Blumentopf oder
mit der Nachttischlampe nach Ihnen – aber sie wird wenigstens aufhören zu weinen.

Eine andere Methode besteht darin, mitzuweinen. Die
letzten Konsequenzen dieser Taktik kann ich zwar nicht
prophezeien, aber eine solche Reaktion wäre auf jeden
Fall seltsam genug, um *Ihre Partnerin* vom Weinen abzubringen. Geben Sie also nie nach, sondern reagieren Sie
auf irgendeine andere Weise. Nur das hilft bei einer
Zweck-Weinerin, die sich nur deshalb in Tränen auflöst,
weil sie weiß, daß es wirkt.

Auch ein Becher Wasser, den man einer hysterischen
Weinerin ins Gesicht schüttet, bewirkt häufig wahre
Wunder. Vielleicht bekommt sie nach dem ersten Schock
einen Wutanfall, aber Sie müssen sie nun mal von der
Gewohnheit abbringen, Sie mit Tränen manipulieren und
terrorisieren zu wollen. All diese Methoden sollten Sie
allerdings erst dann anwenden, wenn Sie mit Bestimmtheit
wissen, daß Ihre Partnerin wirklich nur aus taktischen

Gründen weint. Wenn die Tränen echt sind, wenn Ihre
Partnerin wirklich aus der Fassung geraten ist, dann
schaffen Sie mit Auslachen oder mit der kalten Dusche
nur, daß sie Sie als gemeinen Rohling betrachtet. Und
das ist der Beziehung nicht gerade förderlich.

Denken Sie aber daran: Wenn Sie angesichts von Tränen
dauernd nachgeben, sollten Sie sich lieber rechtzeitig einen
Regenschirm zulegen. Denn sonst werden Sie jedes Mal
naß, wenn Sie nein sagen.

Alle vier Wochen sehen alle Männer rot

Männer müssen sich rasieren. Frauen haben ihre Periode:
Es lebe der Unterschied! Lieben kann man sich aber
trotzdem, auch während der Periode – obgleich viele alt-
überlieferte Tabus dagegen sprechen. Diese Tabus beruhen aber ausnahmslos auf Aberglauben und Ammen-
märchen. Meist ist eine Frau vor, während oder
unmittelbar nach der Periode besonders erpicht darauf.

Der Mann muß entscheiden, ob er auch zu dieser Zeit
intimere Liebesspiele wünscht. Für eine Frau ist die Periode die natürlichste Sache von der Welt, und deshalb
wird sie kaum Einwände erheben. Wenn der Mann also
keine Hemmungen hat, kann er eine der aufregendsten
Episoden der Liebesaffäre erleben.

Sex während der Periode möchte ich nur dann nicht
empfehlen, wenn Sie Ihre Partnerin noch nicht gut kennen
und zum ersten Mal mit ihr ins Bett gehen. Sobald Sie
aber auf vertrauterem Fuße sind, brauchen Sie nur noch

die Bettlaken zu schützen, und hinein ins große Abenteuer.

Ihre Partnerin fühlt sich sicher sehr geschmeichelt, daß sie sie auch in diesem Zustand begehren, aber sie weiß, daß sie eigentlich zu einem anderen Zeitpunkt begehrenswerter ist: Also müssen Sie, der Mann, jetzt besonders zärtlich und diplomatisch vorgehen. (Manche Mädchen machen während der Periode wirklich schwere Tage durch, bestehen Sie also nicht auf Intimbeziehungen, wenn es Ihrer Partnerin widerstrebt!)

Stimulieren Sie ihre Klitoris mit den Fingern (die Zunge würde ich dieses Mal nicht empfehlen), wie Sie es sonst auch tun, streicheln Sie die Brüste, wobei Sie mit den Brustwarzen besonders vorsichtig umgehen sollten, denn sie sind auch zum Zeitpunkt der Menstruation außerordentlich empfindlich. Mit anderen Worten: Tun Sie alles, was Ihnen und Ihrer Partnerin auch sonst gefällt. Sie sollten sich lediglich davor hüten, beim Liebesspiel den Standort zu wechseln, denn schließlich wollen Sie ja nichts beflecken. Warten Sie bis zum letzten Augenblick, wenn Sie beide richtig erregt und angeheizt sind, und bitten Sie Ihre Partnerin erst dann, den Tampon herauszunehmen. Natürlich können Sie das auch eigenhändig erledigen, wenn Ihnen der Sinn danach steht, aber legen Sie ihn sorgfältig auf einige Kleenex-Tücher, die sie schon vorher neben dem Bett placiert haben. Wegen des Saugeffekts trocknet ein Tampon die Vagina aus, und deshalb müssen Sie sie jetzt mit eigenen Händen befeuchten. Nehmen Sie entweder den eigenen Speichel, Vaseline oder sonstige Creme oder antiallergisches Gelee, und massieren

Sie die Klitoris einen Moment oder zwei, bis sie naß und verlangend ist. Küssen Sie dann die Brüste Ihrer Partnerin, und sagen Sie ihr, wie aufregend sie ist, wie sehr Sie sie lieben, ganz gleich, in welchem Zustand sie sich befindet. Dafür werden Sie Anbetung ernten, und die Reaktion der Geliebten wird unter Umständen weit leidenschaftlicher sein, als Sie sich in Ihren kühnsten Träumen erhofften. Schließlich ist eine Frau durch und durch ein weibliches Wesen, und die Periode ist nur ein kleiner Teil ihrer Weiblichkeit.

Ihre Freundin will Sie heiraten – aber Ihre Frau erlaubt es nicht

Wir alle haben in vielen Filmen den grauhaarigen Geschäftsmann erlebt, der dauernd von seiner raffinierten und verführerischen Geliebten gefragt wird: »Hast Du es ihr schon gesagt? Hat sie in die Scheidung eingewilligt?«

Der Familienvater auf Abwegen antwortete dann meistens so: »Ähhh … also … aber ich tue es bestimmt noch!« Dann gibt es Krach, und in der nun folgenden Szene muß der Ehebrecher sich entscheiden, ob er 1. seine Geliebte fallenläßt, 2. wirklich die Scheidung einreicht, 3. die erpresserische Freundin umbringt oder 4. seine Frau umbringt. Natürlich ist er stocksauer. Hatte er sich doch bis jetzt so gut arrangiert – das gesicherte Familienleben mit Frau und Kindern zu Hause, die pikanten Liebesspiele mit der Freundin im Liebesnest! Womit habe ich das verdient, stöhnt er unwillkürlich.

Die Antwort auf diesen Stoßseufzer lautet meist folgendermaßen: Aus Furcht, daß die Geliebte ihm die erotischen Lieferungen sperrt, erlaubt der Schwerenöter ihr zu glauben, daß er sich nach zwanzigjähriger Ehe von seiner Frau scheiden lassen wird, daß er die Kinder aufgibt und mit *ihr*, der Geliebten, davonläuft. Damit hält er sie eine Zeitlang bei Laune und sexuellem Wohlwollen, aber dann muß er unweigerlich immer mehr Versprechungen machen, die er nicht halten kann. Und das Ganze endet damit, daß er 1. sein Sexualleben opfert, 2. das gesicherte Familienleben opfert oder 3. bzw. 4. die nächsten vierzig Jahre im Zuchthaus verbringt.

Auch Sie könnten plötzlich vor einer ähnlichen Situation stehen, wenn Sie verheiratet sind – es sei denn, Sie ergreifen bereits zu Beginn der Affäre geeignete Vorbeugungsmaßnahmen. Die Regel ist einfach: Versprechen Sie nichts, was Sie nicht halten können. Wenn Sie diese Regel befolgen, werden Sie niemals in die Bredouille kommen.

Sicher, das ist leicht gesagt. Kleine Mädchen wollen schöne Dinge und schöne Parfüms, und sie wollen, daß man sie herzt, küßt und verwöhnt. Vor allem aber wollen sie möglichst schnell Ehefrau werden. Sie, der Mann, wollen dagegen unkompliziertere Sachen, und deshalb rutscht Ihnen leicht ein Versprechen von der Zunge, wenn Sie vor Verlangen schwitzen. Dann ist es zu spät.

Sie haben selbst schuld.

Sie können ihr im Grunde keine Vorwürfe machen. Sie stehen da, sind einer der sinnlichsten Männer der Welt, sagen ihr zärtliche Dinge, küssen sie, streicheln sie, treiben sie zur Ekstase! Und nach einer solchen Behandlung er-

warten Sie von ihr auch noch »Verständnis« dafür, daß
Sie sich nun wieder in die Obhut Ihrer alternden, zank-
süchtigen Gattin zurückbegeben müssen! Aber lassen wir
das. Ihre Partnerin will nur eins: Sie will Sie, Sie und
sonst nichts. Wenn Ihnen also etwas daran liegt, sie zu
halten (und bei Laune zu halten), müssen sie eine Kombination aus Casanova, Paul Newman und Winston Chur-
chill sein.

Wie bei vielen anderen Techtelmechteln heißt die
goldene Regel auch hier: *Ehrlichkeit*. Seien Sie offen und
ehrlich zu Ihrer Partnerin, und sie wird Achtung vor
Ihnen haben. Wenn Sie allerdings lügen, wird sie Sie am
Ende hassen. Machen Sie ihr von Anfang an klar, daß
Sie *nicht* die Absicht haben, sich scheiden zu lassen! Sie
brauchen deshalb noch nicht vor lauter Ehrlichkeit verrückt zu spielen. Sie dürfen sich ruhig eine (nicht vorhan-
dene) Träne aus dem rechten Augenwinkel wischen und
Ihrer Freundin erzählen, Ihre Frau sei unheilbar geistes-
krank, und deshalb brächten Sie es einfach nicht fertig,
sie im Stich zu lassen. Das ist zwar auch eine Lüge, aber
eine andere Art Lüge. Erkennen Sie den Unterschied:
Mit der familiären Situation brauchen Sie es nicht unbedingt genau zu nehmen, bei Versprechungen sollten Sie
es aber sehr genau nehmen!

Zittern Sie also nicht, werden Sie nicht schwach, versuchen Sie nicht, Ihre Partnerin mit lauen Entschuldigungen
und kleinen Enttäuschungen hinzuhalten. Bleiben Sie
stark.

Wenn Sie plötzlich vor einer »Deine Frau oder ich«-Si-
tuation stehen und ganz genau wissen, daß Sie nicht im

Traum daran denken, die gute alte Lisse und die vier Kinder zu verlassen, schlagen Sie zurück. Ungefähr so: »Ich liebe dich, und ich werde dich immer lieben, aber ich kann doch die Kinder nicht im Stich lassen (Merke: die *Kinder* und nicht die Ehefrau) ... Ohne dich geht die Sonne meines Lebens für immer unter, und vielleicht überlebe ich es nicht, wenn du mich verläßt. Aber wenn du unbedingt heiraten willst... dann gehe besser gleich und werde glücklich!«

Aller Wahrscheinlichkeit nach wollte Ihre Freundin Ihnen ohnehin nur ein bißchen Angst machen. Auf jeden Fall wird die kleine Szene (die Sie so überzeugend wie möglich spielen müssen) ihr aber das Herz brechen. Dann wird sie zu guter Letzt nachgeben und sich sogar noch bei Ihnen entschuldigen, weil sie so gemein und egoistisch war.

Und natürlich müssen Sie ihr verzeihen. Bringen Sie sie danach umgehend zur nächsten waagerechten Fläche, die sich bietet, und zeigen Sie ihr, daß Sie zutiefst dankbar sind – zutiefst, zutiefst, zutiefst...

Filzläuse – und Geschlechtskrankheiten

Kein Genuß ohne Reue, so ist es nun mal im Leben. Skiläufer müssen sich vor Lawinen hüten, Wellenreiter riskieren den Tod in der Brandung, Fallschirmspringer laufen Gefahr, platt wie eine Briefmarke auf der Erde zu landen. Raucher enden oft auf der Krebsstation, Büroadler kommen leicht zu Fall, und wir, die wir darauf

bestehen, lebenslänglich die verpestete Luft der Großstadt
zu inhalieren, verschenken damit unter Umständen kostbare Jahre.

Bei dieser unerfreulichen Tendenz macht der Sex leider
keine Ausnahme. Gott sei Dank sind die körperlichen
Risiken des Liebesspiels im Vergleich zu anderen amü-
santen Hobbys aber noch relativ harmlos: Anhänger des
Motorsports, des Tiefseetauchens und des Bankraubs
leben weit gefährlicher, und auch Leute, die Flußwasser
trinken, holen sich oft schlimmere Krankheiten als »sinnliche« Menschen. Das gilt wenigstens für den Fall, daß
Sie gut informiert und vernünftig genug sind, die Praxis
eines Arztes aufzusuchen, sobald Ihre sexuellen Abenteuer unerwünschte Folgen haben.

Zum Beispiel Filzläuse. Diese lieben kleinen Tierchen
spezialisieren sich auf das Gebiet der Schamhaare, und
obgleich ich persönlich sie nie hatte, nehme ich an, daß
sie Menschen bevorzugen, die es unter unhygienischen
Umständen treiben. Aber sie können auch andere befallen
– sie haben keinerlei Respekt vor Damen der Gesellschaft
oder Intellektuellen.

Wenn Sie also unbedingt ein paar von diesen kleinen
Blutsaugern beherbergen wollen, ergreifen Sie jede sich
bietende Gelegenheit. Wenn nicht, können Sie den Böse-
wichtern mit guter Erfolgsaussicht aus dem Weg gehen,
indem Sie schmutzige Badestrände und Slum-Bordelle
meiden. Aber auch wenn Sie wissen, daß Ihre Partnerin
keine Filzläuse hat, müssen Sie bedenken, daß Sie beide
sich die Parasiten an der Örtlichkeit zuziehen können,
an der Ihr Liebesspiel stattfindet (beispielsweise in einem

schmuddeligen Bett des Stundenhotels, in einem nichtge-
chlorten Swimming-pool oder in einer Badewanne, in der
noch ein paar Schamhaare des vorigen Benutzers
schwimmen). Sollten Sie eines schönen Tages tatsächlich
entdecken, daß Sie von einigen hundert Filzläusen befallen
sind, dann begeben Sie sich bitte auf dem schnellstens
Weg zur nächsten Apotheke und sagen Sie am besten,
Ihr *Hund* habe Läuse und Sie wollten ihn von dieser
Plage befreien. Man wird Ihnen dann das geeignete Mittel
geben. Noch einfacher: Sie verlangen Paral (in Puderform,
nicht als Spray, das tut auf der Haut teuflisch weh), bestäuben sich gründlich damit, lassen ca. eine Stunde ein-
wirken und wiederholen die Behandlung einen Tag später.
Auf diese Weise machen Sie den Parasiten hundertpro-
zentig den Garaus. Falls die Tiere allerdings bereits Eier
abgelegt haben, müssen Sie sich nach einer Woche noch
einmal bestäuben. Dann haben Sie es endgültig geschafft.

Die wirklichen Gefahren des Sex sind allerdings die
Geschlechtskrankheiten. Syphilis und Gonorrhöe, die
verbreitetsten dieser Leiden, lassen sich leicht heilen, wenn
man die Symptome rechtzeitig erkennt und behandeln
läßt. Wenn auf Ihrem Genitalorgan ein schwärendes
kleines Geschwür (das nicht weh tut) erscheint, wenn
Sie Schmerzen bei der Erektion haben, wenn Ihr Penis
einen eitrigen Ausfluß absondert, wenn Sie beim Wasser-
lassen ein starkes Brennen spüren – dann gehen Sie bitte
sofort zum Arzt. Er wird die Sache untersuchen. Gehen
Sie auch dann zum Arzt, wenn Sie persönlich glauben,
es könne sich auf keinen Fall um eine Geschlechtskrankheit handeln. Die Primärsymptome der Syphilis können

beispielsweise schon nach wenigen Tagen spurlos verschwinden, um Jahre später durch schlimmere Komplika-
tionen ersetzt zu werden.

Wie man Geschlechtskrankheiten aus dem Weg geht?
Am leichtesten, indem man dem Sex überhaupt aus dem
Weg geht. Das ist natürlich eine Lösung, die Sie kaum
akzeptieren werden.

Realistischer ist es da schon, ein Präservativ zu benutzen, wenn Sie mit einer Frau ins Bett gehen, bei der
Sie diesbezügliche Zweifel hegen. Und achten Sie darauf,
Ihre Genitalien nach dem Verkehr sorgfältig mit Wasser
und Seife zu waschen.

Es ist natürlich nicht leicht, ein Mädchen von vornherein als mögliche Infektionsquelle von Syphilis oder
Gonorrhöe zu identifizieren. Dr. Albert Ellis, der bekannte amerikanische Sexualwissenschaftler, weist in
seinem Werk *Sex and the Single Man* (»Sex und der unverheiratete Mann«) darauf hin, Geschlechtskrankheiten
seien

... »selten bei Leuten, die den Partner nicht allzu oft
und wahllos wechseln und aus den mittleren bis geho-
benen Schichten mit Hoch- oder Fachschulbildung oder
akademischem Hintergrund stammen.

Sie sind dagegen weit häufiger bei Leuten, die den
Partner oft und wahllos wechseln und aus den unteren
Bevölkerungsschichten stammen, sowie bei Personen,
die ein total ungeregeltes Leben führen. Wenn Sie sich
bei Ihren sexuellen Aktivitäten also auf Mädchen beschränken, die eine einigermaßen gute Ausbildung genossen haben und von denen Sie wissen, daß sie nur

mit relativ wenigen Partnern Intimbeziehungen unterhalten, laufen Sie kaum Gefahr, sich eine Geschlechtskrankheit zuzuziehen.«

Na ja, vielleicht simmt das. Ich persönlich habe die
Erfahrung gemacht, daß ein Tripper weder vor dem Bankkonto noch der gesellschaftlichen Stellung eines Mannes
Respekt hat. Wenn Sie es oft und gern treiben, können
Sie leider auch mal geschlechtskrank werden, ganz gleich,
wie rein und unbesudelt die Partnerin Ihrer Meinung nach
ist – weil sie Abitur und Staatsexamen hat.

Auf eines möchte ich Sie noch einmal hinweisen: Geschlechtskrankheiten können Sie sich *nur* bei einer Frau
zuziehen, nicht aber durch Kontakte mit der Klosettbrille.
An dieser Stelle seien die weisen Worte meines alten Mili-
tärarztes angeführt: »Wenn ein Rekrut irgendwann mal
einen Ausschlag oder ein geschwürähnliches Gebilde in
der Schamgegend oder am Penis entdeckt, sollte er auf
jeden Fall sofort zu mir kommen – je schneller, desto
besser. Und wenn mir jemand erzählt, er hätte sich die
Sache auf der Toilette zugezogen, kann ich ihm nur sagen:
›Das ist natürlich ein phantastischer Platz für Geschlechtsverkehr!‹«

Kurz: Je öfter Sie sich in fremden Betten herumtreiben,
desto besser werden Ihre Chancen, sich ein venerisches
Leiden zu ergattern. Und wenn *Ihre Partnerin* es oft mit
andern Männern macht... gilt das gleiche. Und das ist
das Gute bei einer Jungfrau: Sie kann keine Geschlechtskrankheit haben, es sei denn, Sie verpassen ihr eine. (Übrigens – tun Sie es lieber nicht. Wenn Sie geschlechtskrank
sind, ist es Ihre moralische Pflicht, erst dann wieder Intim-

beziehungen aufzunehmen, wenn die Ansteckungsgefahr beseitigt ist.)

Wenn sie aber auf Hygiene achten und nicht mit Partnerinnen ins Bett gehen, die sich pro Tag von drei verschiedenen Männern begatten lassen, brauchen Sie kaum etwas zu befürchten. Die Chance, daß Sie sich ein venerisches Leiden zuziehen, ist äußerst gering. Und selbst wenn Sie das Pech haben, zu einem statistischen Fall zu werden, ist die Behandlung reine Routinesache. Ich persönlich habe vor einem Flug im Jumbo-Jet weit mehr Angst als vor Geschlechtskrankheiten.

So gewarnt und vorbereitet braucht der sinnliche Mann sich nicht vor galanter Infektion zu fürchten!

Dyspareunie bei Männern

Wie ich bereits bemerkte, können auch Männer unter Schmerzen beim Geschlechtsverkehr leiden. Diese beklagenswerte Erscheinung umschreibt man mit dem allumfassenden Terminus »Dyspareunie bei Männern«. Sie kann viele Ursachen haben. Am häufigsten und harmlosesten ist die Gefäßverengung der Testikel, die besonders bei jüngeren Männern auftritt und Hodenschmerzen hervorruft. Besonders bei lang anhaltender sexueller Erregung ohne erleichternden Orgasmus können Gefäßverengungen der Testikel entstehen – beispielsweise dann, wenn man stundenlang Pornobücher liest, ohne dabei zu masturbieren (pfui!), oder wenn man den ganzen Abend Petting betreibt und nicht zum sexuellen Höhepunkt

kommt. Die Heilung ist unkompliziert und schnell: Ejakulation, ganz gleich wie. Mit zunehmendem Alter tritt
dieses Zeichen erotischer Frustration immer seltener auf.
(Bei dieser Form der Dyspareunie ist Geschlechtsverkehr
also nicht der Grund, sondern die Heilung eines Leidens.)
Hier ein paar andere Arten der Dyspareunie, die uns
Männern vor, während oder nach dem Liebesspiel Beschwerden verursachen können.

1. Fümose – die Vorhaut ist zu eng und läßt sich nicht
über die Eichel schieben. Eine Fümose beseitigt man durch
Beschneidung.

2. Überempfindlichkeit der Eichel – bei manchen Männern wird der Penis schon durch den Kontakt mit allen
möglichen Gegenständen, einschließlich der eigenen Kleidung, gereizt und entzündet sich. Das Einführen in die
Vagina kann sehr schmerzhaft sein. Diese Männer tun
gut daran, ihre Eichel durch spezielle Präparate zu »be-
täuben«.

3. Penistrauma – der erigierte Penis wird durch einen
plötzlichen Schlag oder durch zu starke Belastung (wenn
die Partnerin sich zum Beispiel unvermittelt darauf setzt)
traumatisiert. Als Resultat können dann beim Akt sowie
beim Masturbieren Schmerzen entstehen.

4. Postgonorrhoisches Brennen – Männer, die eine Gonorrhöe hinter sich haben, spüren beim Urinieren oder
Ejakulieren manchmal noch einige Zeit ein heftiges
Brennen. Keine Angst, dieses Symptom verschwindet bald
ohne alle Folgen.

5. Entzündliche Reaktionen auf Infektionen der Vagina

– wenn die Scheide der Frau zu viel infektiöse Bakterien enthält, entzündet sich die Eichel.

6. Entzündliche Reaktionen auf chemische Substanzen – auf bestimmte chemische Substanzen in empfängnisverhütenden Gelees, Sprays und Cremes können sowohl Frauen als auch Männer mit Entzündungen reagieren.

Dyspareunie bei Männern kann noch viele andere Ursachen haben. Im Grunde genügt es, wenn Sie eins wissen: Gehen Sie zum Arzt, sobald es an oder in den Genitalien brennt. Seien Sie kein Märtyrer. Denken Sie daran, daß Schmerzen in Ihrem Liebesleben nichts zu suchen haben. Wenn es weh tut, ist irgend etwas nicht in Ordnung!

14

Sie und die
»Bewegung zur Befreiung der Frau«

Ich habe einen ständig wiederkehrenden Alptraum, in dem die Frau, mit der ich es gerade leidenschaftlich treibe, plötzlich schreit »Du chauvinistisches Männerschwein!« und mich aus dem Bett schmeißt.

Es könnte natürlich auch schlimmer kommen. Die militanteren Mitglieder der neuen Frauenrechtlerinnen würden sich auf nichts anderes als Kastration mit Dosenöffnern, Scheren und rostigen Rasierklingen einlassen.

Doch sehen wir einmal von den ultraradikalen Feministen, den Abkapslern und den Verrückten ab. Sehen wir uns einmal die Tatsachen an:

Die Frauen behaupten, die meisten Männer hingen immer noch an der doppelten Sexualmoral fest. *Sie haben recht.*

Die Frauen behaupten, die meisten Männer betrach-

teten eine Frau nur als Sexualobjekt, das man »benutzen«
kann. *Sie haben recht.*

Die Frauen behaupten, die meisten Männer seien im
Bett abgrundtief egoistisch und benutzten ihre Partnerinnen nur, um zum Orgasmus zu kommen, und küm-
merten sich keineswegs um das Bedürfnis der Frau nach
sexueller Befriedigung. *Sie haben recht.*

Im Grunde ist das das Thema dieses Buches. Darum
ging es auch in der *Sinnlichen Frau* – nämlich, daß die
Frau beim Sex (und, wie zu hoffen steht, auch bei allen
anderen Aspekten des Lebens) ein *vollkommen gleichbe-
rechtigter Partner* ist. Sie sollte vom Geschlechtsakt im
gleichen Maße profitieren wie der Mann.

In einem früheren Kapitel habe ich, wie Sie sich vielleicht erinnern werden, gesagt, daß »die frigide Frau im
heutigen Amerika das einzige große Hindernis auf dem
Weg zur sexuellen Erfüllung« ist. Ich mache dafür nicht
die Frauen verantwortlich. Wir Männer sind *mehr* als
nur mit daran schuld.

Es ist Zeit für eine Seelenerforschung. Sehen Sie sich
an. Vielleicht *sind* Sie ein chauvinistisches Männerschwein!

Verstecken Sie sich den ganzen Tag hinter der Zeitung,
antworten Sie auf ihre Fragen nur mit einem Grunzen
und einem Achselzucken und verlangen dann im Bett
sexuelle Befriedigung?

Steigern Sie sich bei den seltenen Gelegenheiten, bei
denen sie keine Lust zum Geschlechtsverkehr hat, in Wut?

Stecken Sie nach ein paar Minuten Vorspiel Ihren Penis
in die Vagina Ihrer Frau (nachdem sie nicht einmal Zeit

gehabt hat, sich sexuell zu erregen)?

Ejakulieren Sie schon nach wenigen Sekunden, und geben Sie sich keinerlei Mühe, die Dame zu befriedigen? Überlassen Sie sie körperlich und seelisch frustriert ihrem Schicksal?

Beenden Sie den Geschlechtsakt, rollen Sie sich auf die Seite und schlafen ein, ohne ihr ein zärtliches Wort oder eine zärtliche Geste zu gönnen?

Machen Sie ihr wegen ihrer »Kälte« Vorwürfe, wenn sie wegen Ihrer »Zack-Bumm«-Technik keinen Orgasmus hat?

Wenn Sie auf eine oder mehrere dieser Fragen mit »ja« antworten können, dann haben Sie etwas von einem Schwein – sei es nun ein chauvinistisches oder ein anderes. Ich vermute, daß die *Mehrzahl* der Männer unglücklicherweise zu dieser Kategorie gehört, besonders diejenigen unter ihnen, die sich als besonders »männlich« empfinden.

Diese egoistische, am Mann orientierte Haltung hat viele Frauen aufgerieben (besonders die, wie man in Amerika festgestellt hat, die zur niederen Einkommens- und Bildungsschicht gehören). Sie fassen schließlich Sex als widerliche Schinderei auf, der sie sich regelmäßig unterwerfen müssen, um ihren Ehemännern zu »dienen«. Ist es übertrieben, eine derartige Einrichtung als Form der »Sklaverei« einzustufen? Ich glaube nicht.

Wenn Sie ein sinnlicher Mann sein wollen, dann müssen Sie auf Ihre Partnerin eingehen, ihr Achtung entgegenbringen. Sie müssen ihr sexuelles Vergnügen für genauso wichtig – oder wichtiger – halten wie Ihr eigenes. Sie

müssen sie als Menschen behandeln und nicht als eine
besonders raffinierte Masturbationsmaschine.

Die Zeiten ändern sich. Heute haben sich viele attraktive
und vernünftige Frauen der Befreiungsbewegung der
Frauen verschrieben und sind darum bemüht, das Un-
Gleichgewicht zwischen den Geschlechtern ins rechte Lot
zu rücken. Jeder Mann, der sich entweder über diese
Gefühle nicht im klaren ist oder ihnen ablehnend gegen-
übersteht, wird im Nachteil sein, wenn er versucht, eine
Frau zu verführen, die für das empfindlich ist, was sie
für Symptome der männlichen Überlegenheit hält.

Beispielsweise wird sie es ablehnen

- als Kind behandelt zu werden, sowohl in der Öffentlichkeit als auch zu Hause;
- »Mädel« genannt zu werden, wenn sie bereits achtund-
  vierzig Jahre alt ist;
- Männern als »Jane« vorgestellt zu werden, die immer
  »*Mr.* Smith« oder »*Mr.* Wallace« heißen;
- sich nicht zu erregen, wenn Sie fortgesetzt Verallgemei-
  nerungen über Frauen zum besten geben, die ihre Min-
  derwertigkeit betonen;
- wenn Sie sich über ihre Bemühungen lustig machen,
  schöpferisch tätig zu sein (wenn sie malt, schreibt oder
  ähnliche Dinge tut), statt sich strikt an ihre Hausfrau-
  und Mutter-Rolle zu halten;
- wenn Sie ihre politischen Überzeugungen verharm-
  losen, als wäre sie weniger imstande als Sie, ein Urteil
  zu fällen.

Kurz, sie wird empfindlich sein – vielleicht sogar unver-

nünftig empfindlich. In dem Fall brauchen Sie nicht unbedingt zu einem rückgratlosen »Ja-Sager« zu ihrem Trauma
zu werden. *Sagen* Sie ihr, daß Sie der Meinung sind, sie
sei überempfindlich. Doch tun Sie es offen und ernsthaft.
Necken Sie sie nicht und lächeln Sie nicht hinter ihrem
Rücken.

Wenn Sie in eine Anhängerin der »Bewegung zur Be-
freiung der Frau« vernarrt sind und ihren Respekt und
ihre Liebe gewinnen und bewahren wollen, würde es Sie
auch nicht umbringen, sich der Bewegung selbst anzu-
schließen, falls Sie politisch interessiert sind. Darüber
hinaus können Sie eine verdienstvolle Frau als Abgeord-
nete wählen, Briefe an Ihren Abgeordneten schreiben und
ihn drängen, Gesetze einzubringen, in denen Frauen gleicher Schutz und gleiche Chance gewährleistet werden (ge-
schickterweise können Sie *ihr* die Kopien davon schicken),
Firmen unterstützen, die faire Anstellungspraktiken befolgen, und *zuhören*, wenn sie von ihren Problemen als
Frau spricht.

Sie sollten diese Zeilen auch überdenken, wenn die Frau,
die Sie lieben, augenblicklich noch nicht zu den neuen
Frauenrechtlerinnen gehört. Die meisten Frauen sind
noch immer sehr traditionsverbunden (wie die meisten
Männer auch) und werden sich über ihr gegenwärtiges
Schicksal zufrieden äußern. Doch selbst die ergebenste
und unterwürfigste Frau nährt vielleicht diesen oder jenen
Groll in ihrer Brust, und wenn sie erst einmal über die
»Revolution« gelesen hat, wenn sie darüber von Freunden
und im Fernsehen gesehen hat, dann bringt sie vielleicht
doch eines Tages die Courage auf und bezieht einen

Standpunkt. Und vermutlich wird der erste Ort, an dem sie diesen Standpunkt bezieht, das Schlafzimmer sein, wo sie in Ihrem Sexualleben plötzlich die Rolle der Gleichberechtigten verlangt. Und wenn Sie dazu nicht bereit sind, dann kriegen Sie Ärger.

Aber Sie brauchen ja nicht abzuwarten, bis *sie* den ersten Schritt macht. Sie sollten sie selbst befreien. Und, glauben Sie mir, das ist durchaus kein Opfer. Der Liebhaber einer in sexueller Hinsicht »befreiten« Frau hat verschiedene Vorteile. Die wichtigsten sind:

1. Da sie eine Partnerin ist, braucht er nicht die ganze Arbeit allein zu erledigen.

2. Er braucht nicht die hundertprozentige Verantwortung für den Erfolg eines Beischlafs auf sich zu nehmen.

3. Er wird eine sich frei herumwälzende, impulsive und hochgradig verläßliche Partnerin im Bett haben, die sich nicht scheut, Dinge zu tun, die ihn erregen.

Wenn Sie den restlichen Ratschlägen in diesem Buch folgen, werden Sie nicht zu den Männern gehören, die sich einer Frau überlegen fühlen (außer in den Augen solcher Frauen, für die *jede* Art von Sex bereits Ausbeutung ist). Alle sind zu Ihrem Guten da. Es sollte Ihnen nicht allzu schwer fallen, sich auszurechnen, daß Sie – wenn Sie wirklich ein sinnlicher Mann sind – durch die Befreiungsbewegung der amerikanischen Frauen nichts zu verlieren haben, dafür aber eine Welt zu gewinnen.

15

Die verheiratete Frau

In den letzten zehn Jahren habe ich es mir zur Regel gemacht, niemals einer verheirateten Frau nachzusteigen. Es gibt genügend aufregende Frauen, die nicht von eifersüchtigen und möglicherweise mordgierigen Ehemännern bewacht werden. Sie dürften bis ans Ende meines Lebens ausreichen.

Vielleicht ist Ehebruch auch nicht Ihre Kragenweite, doch wissen wir beide natürlich recht gut, daß er manchmal auf einen oder beide Partner der meisten Ehen einen unwiderstehlichen Reiz ausübt. Ich brauche da gar nicht erst die Statistiken in die Debatte zu werfen. Soviel ist doch wohl klar: Die Ehe ist heute in zunehmendem Maße zu einem einfachen Vertragsverhältnis geworden, das durch stillschweigende Übereinkunft der beiden

Seiten beendet wird (obgleich das in vielen Staaten noch
reichlich durcheinandergeht). Die Leichtigkeit, mit der
Ehen beendet werden können – was bei den meisten ja
früher oder später der Fall ist –, spiegelt lediglich die
Tatsache wider, daß die Menschen häufig ihre Gefühle
zueinander ändern. Die Liebe schwindet in der Ehe
manchmal dahin, und manchmal blüht sie außerhalb
davon wieder auf.

Nebenbei bemerkt, die meisten Ehepaare sehen »Un-
treue« längst als eine Art Sport an, als eine Möglichkeit,
sexuelle Abwechslung in ihr Eheleben zu bringen. Ro-
mantisch? Vielleicht nicht. Aber es hat keinen Sinn, den
Trend zu bestreiten.

Eine weitere Ursache ist *Abenteuerlust*. Viele Männer
leben gern gefährlich, und nur die Angst vor der Entdek-
kung macht sie richtig scharf. Es mit einer verheirateten
Frau zu treiben, ist für solche Männer nur eine Fortset-
zung einer schnellen Nummer bei unverschlossener
Schlafzimmertür auf einer Party oder des Vergnügens,
sich auf dem Gang eines fahrenden Zuges einen blasen
zu lassen – immer spielt die Angst vor der Entdeckung
und das Gefühl von abgrundtiefer Schlechtigkeit eine
Rolle. Viele Männer werden ganz närrisch bei dem Gedanken, es mit einer verheirateten Frau zu treiben, die
sie im übrigen – wäre sie alleinstehend – überhaupt nicht
aufregen würde. Das gehört in die Linie von »Die Kirschen in Nachbars Garten . . .« Was man nicht haben
kann, ist immer erstrebenswerter als das, was leicht zu
haben ist.

Und schließlich sollte man natürlich das Wort »Ehebruch« nicht unterschätzen, das, wie ich finde, eines der unwiderstehlichsten Wörter in unserem Sprachschatz ist. Es hat einen derart sensationell bösen und angenehm prikkelnden Klang an sich! Ich habe den heimlichen Verdacht, daß der Name, mit dem wir diese verbotene sexuelle Aktivität bedacht haben, teilweise für ihre Popularität verantwortlich ist.

Wenn Sie es also mit einer verheirateten Frau treiben wollen – bitte sehr! Das geht nur Sie und die betreffende Dame etwas an.

Trotzdem will ich Ihnen hier ein paar Ratschläge geben. Falls die verheiratete Frau sich Ihnen zugewandt hat, dann liegt das wahrschinlich daran, daß ihr Mann ihr gewisse Dinge nicht mehr geben kann – Erregung, Romantik, Abenteuer. Sie müssen sie wie eine Frau behandeln (oder wie eine Mätresse) – nur nicht wie eine Ehefrau. Betrachten Sie sie nicht als selbstverständlich – denn deshalb sitzt ihr Mann ja jetzt zu Hause vor seinem Fertiggericht.

Im Bett, da müssen Sie abenteuerlustig – verwegen – sein. Probieren Sie alle Positionen durch, die ihrem Mann zu abgelegen vorkommen. Denn wenn sie schließlich jede Nacht die Missionarsposition hätte haben wollen, dann hätte sie einen Missionar geheiratet. Na, und wenn sie sich schlecht vorkommen will, dann gönnen Sie ihr den Spaß! Alles ist erlaubt. Dafür ist der Ehebruch ja da.

Wo man es mit einer verheirateten Frau treibt, das kann problematisch sein, besonders in Fällen, in denen es für beide Teile nicht angenehm ist, zusammen gesehen zu werden. Wenn Sie Junggeselle mit eigener Wohnung sind, gut. Dann sind Sie die Sorge los. Ansonsten müssen Sie

wahrscheinlich aufs Land hinausfahren oder ein Zimmer
in einem Hotel oder Motel mieten. Finden Sie aber heraus,
was sie davon hält. Manche Frauen finden ein Motel-
zimmer sexuell anregend, andere kommen sich darin aber
auch billig vor. Stoßen Sie sie nicht vor den Kopf, indem
Sie die Affäre zu flitterhaft machen.

Wenn sie das Hotel oder Motel annehmbar findet und
Sie da ein- und ausgehen wollen, ohne Aufmerksamkeit
zu erregen oder Gefahr einer Entdeckung zu laufen, dann
halten Sie sich an die folgenden Ratschläge:

1. Zahlen Sie immer bar. Vielleicht ist es nicht so einfach, das Buchhaltungssystem zu durchbrechen, doch
Kreditkartenquittungen erinnern Sie ständig an Ihre ehebrecherischen Unternehmungen. Wenn Sie verheiratet
sind, dann macht sich Ihre Frau vielleicht Gedanken über
die Bankabrechnung, in der von einem Zweibettzimmer
in einem Hotel die Rede ist. Und vielleicht gehen auch
ein paar Augenbrauen in die Höhe, wenn Sie einen derartigen Punkt bei Ihren Geschäftsspesen verrechnen wollen.

2. Fahren Sie nie in getrennten Wagen am Motel vor.
Nur wenige Ehepaare reisen so.

3. Stoppeln Sie etwas mehr Gepäck als nur eine Ta-
schenflasche Whisky und zwei Sandwiches mit Käse und
Schinken zusammen.

4. Falls Sie Gepäck mit eingeprägtem Monogramm
haben, dann achten Sie darauf, daß Sie sich mit einem
passenden Namen beim Empfang eintragen.

5. Geben Sie ihr den Rat, sich dezent zu kleiden. Wenn
Sie unbemerkt durch eine Hotelhalle schlüpfen wollen,

ist es wahrscheinlich besser, wenn Ihre Begleiterin nicht gerade einen Zebrafellponcho, auffällige Netzstrümpfe und Goldlaméstiefel trägt.

6. Wenn der Zimmerkellner kommt, lassen Sie sie solange im Badezimmer verschwinden. Aber sagen Sie ihr, warum. Es nützt nicht viel, wenn sie plötzlich anfängt, Wasser in die Wanne laufen zu lassen oder unter der Dusche zu trällern.

7. Wenn das Telefon klingelt, gehen Sie ran – selbst wenn Ihre Begleiterin im Alltagsleben Ihre Sekretärin ist.

Eine weitere Möglichkeit für ein Liebesnest ist die Wohnung eines Freundes, der Ihnen seine Schlüssel gibt und verspricht, an bestimmten Nachmittagen oder Abenden nicht aufzutauchen. Doch hat diese Lösung natürlich auch ihre Gefahren. Vielleicht hat Ihr Freund vergessen, seinen Allwettermantel mitzunehmen, und kommt noch einmal zurück – und ausgerechnet in dem Augenblick, wenn Sie und Ihre verheiratete Frau nackt auf seinem Kaffeetisch herumhüpfen.

Was jedoch wichtiger ist: Die Wohnung eines Freundes zu benutzen, könnte Ihr Verhältnis zu diesem Freund beeinträchtigen, besonders dann, wenn Sie es sich zur Gewohnheit machen, Kleenextücher auf seinem Tisch liegen zu lassen oder ihn jeden Montag beim Bowlingclub einzuschreiben. Er könnte vielleicht denken, daß Sie seine Wohnung mehr schätzen als seine Freundschaft, und es ablehnen, Schuldgefühle zu haben, wenn er einmal ein oder zwei Abende zu Hause verbringen will. Schließlich ist es ja doch *seine* Wohnung.

Seien Sie also vorsichtig, wenn Sie solche Gefallen er-
bitten. Am besten ist es sowieso, wenn Sie es nur dann
tun, wenn Ihr Freund regelrecht in Urlaub fährt und durch
Ihre eigennützigen Geschäfte mit Sicherheit keinerlei Un-
bequemlichkeiten ausgesetzt ist. (Denken Sie auch daran,
daß Ihre verbotene Affäre etwas von ihrem Geheimnis-
charakter einbüßt, sobald Sie einen Freund hineinziehen.
Sie müssen sicher sein, daß Sie ihm vertrauen können.)
Wenn Sie Ihr Rendezvous arrangieren, denken Sie daran,
daß zu geheimnisvolles Vorgehen Aufmerksamkeit erregt.
Vielleicht haben Sie einen sorgfältigen Plan entwickelt,
Ihre Geliebte in einem abgelegenen Bergnest zu treffen,
doch geht es natürlich nicht, daß Sie allein drei Tage für
die Anfahrt brauchen, logistischen Beistand von der VII.
Armee anfordern und schließlich in allen Morgenzei-
tungen diskutiert werden. Und außerdem stehen die besten Pläne für eine Geheimhaltung meistens auf wacke-
ligen Füßen – das ruhige kleine Kloster in Quebec, das
Sie als Liebesnest ausgewählt haben, stellt sich vielleicht
als eben der Ort heraus, an dem *ihr* Ehemann ein geruh-
sames Wochenende verbringen wollte.

Treiben Sie es nie bei ihr zu Hause, es sei denn, sie
sagt Ihnen, nur das finde sie aufregend. Die meisten
Frauen fühlen sich zu Hause nicht wohl, und zwar aus
Angst, die Kinder kommen zu früh nach Hause, die
Nachbarn gucken mal eben vorbei, der Milchmann sieht
Sie und wird eifersüchtig – und außerdem besteht immer
die Möglichkeit, daß sie vergißt, den Aschenbecher zu
leeren, und dann liegt Ihre stinkende Zigarre qualmend
im Wohnzimmer und wird vom Ehemann entdeckt, wenn

er nach Hause kommt. Und, natürlich, haben Sie auch an ihren Ehemann gedacht? Sie haben doch keine Lust, die abgeschmackte Sache mit dem Kleiderschrank auszuprobieren, oder?

Übrigens ist es geschmacklos, es in ihrem Haus zu treiben, und sie könnte deswegen Schuldgefühle entwickeln. Ihr Heim ist etwas, das sie mit *ihm* teilt, und vielleicht kommt sie plötzlich auf die Idee, Sie als Eindringling in eine bis dahin glückliche Ehe zu betrachten (sie macht Sie vielleicht sogar für den Bruch *verantwortlich*!). Aber, wie schon gesagt, es kann auch sein, daß sie erst recht erregt wird, wenn es bei ihr zu Hause geschieht – in *seinem* Bett. Nehmen Sie sich jedoch in acht, wenn sie Sie plötzlich bittet, seinen Pyjama anzuziehen.

Sollten Sie sie zu Hause anrufen, hängen Sie nicht ein, falls ihr Mann am Apparat ist. Das macht ihn nur mißtrauisch. Tun Sie vielmehr so, als wären Sie betrunken und versuchten, Ihre Mutter in Green Bay, Wisconsin, zu erreichen. Natürlich ist es nicht ratsam, sie überhaupt zu Hause anzurufen, wenn es sich irgendwie vermeiden läßt. Schlimmstenfalls legen Sie vorher die Zeiten fest, an denen es sicher ist, sie anzurufen.

Halten Sie sich auch im Büro an diese Regeln. Lassen Sie sich dort nicht zu oft von ihr anrufen, es sei denn, Sie haben einen Direktanschluß, der nicht überwacht werden kann. Und lassen Sie sie um Himmels willen nicht ins Büro kommen. Büroklatsch verbreitet sich mit der Geschwindigkeit von Mikrowellen bis in die entlegensten Winkel der Erde.

Wenn *Sie* verheiratet sind, achten Sie immer auf einen

überaus kritischen Punkt: Stellen Sie den Sicherheitsgurt des Beifahrersitzes stets wieder so ein, wie Ihre Frau ihn für sich eingestellt hatte. Ich kenne jemanden, der übervorsichtig bedacht war, verräterische Frauenhaare von seinem Mantel zu entfernen, Make-up vom Hemdkragen abzubürsten und alle Lippenstiftspuren abzuwischen – doch strauchelte er, als seine dickliche kleine Frau ihren Sicherheitsgurt nicht schließen konnte. Sofort wußte sie, daß eine Schlanke neben ihrem Mann gesessen hatte. Und er saß in der Klemme und hatte noch nicht einmal eine glaubwürdige Ausrede.

Ein weiterer sehr wichtiger Punkt, den Sie bei Ihrer Affäre mit der verheirateten Frau bedenken müssen, ist, Ihre Liebe deutlicher als gewöhnlich zu demonstrieren, zumal ja der einzige Zweck Ihrer Begegnungen darin besteht, miteinander ins Bett zu gehen. Sie braucht immer aufs neue die Gewißheit, daß Sie sie als Menschen schätzen und nicht nur als bequemen »Ausweg« ansehen. Machen Sie ihr unverdächtige Geschenke, beispielsweise Pralinen oder einen besonderen Käse; unterhalten Sie sich mehr mit ihr als mit einer zufälligen Freundin; und von Zeit zu Zeit sollten Sie sich mit ihr zur Abwechslung aus einem anderen Grund als Sex treffen. Das verschafft dem Verhältnis eine gewisse Ausgewogenheit, zeigt ihr, daß Sie sie für eine ernst zu nehmende attraktive Begleiterin halten, und ihr nächstes sexuelles Rendezvous wird um so befriedigender.

Und *last not least* mischen Sie sich nicht in ihre Eheprobleme ein, wenn Sie nicht die Absicht haben, sie zu heiraten. Machen Sie ihr von Anfang an deutlich, daß Ihre

Beziehung etwas ganz anderes ist als ihre Ehe. Will sie ein warmes sexuelles Verhältnis mit Ihnen, dann ist es gut. Doch wenn sie eine Schulter braucht, an der sie sich ausweinen kann, dann lassen Sie es *damit* genug sein. Versuchen Sie gar nicht erst, die Rollen des ehebrecherischen Liebhabers und des Familienfreundes zu vermengen. Das endet bestimmt nur in Bitterkeit und verwundeten Gefühlen.

Wenn Sie es richtig anfangen, kann die Affäre mit der verheirateten Frau beinahe ideal sein. Immerhin ist eine solche Dame in sexueller Hinsicht erwachsen und erfahren. Und da ihr häusliches Leben mit Ihnen überhaupt nichts zu tun hat, praktiziert sie die »guten Sachen« mit Ihnen, wohingegen ihr Ehemann sich mit der Tatsache auseinanderzusetzen hat, daß sie schnarcht, mit der Wäsche drei Monate im Rückstand ist und an Sex nicht so wahnsinnig interessiert zu sein scheint.

Ihre einzige Sorge ist die Entdeckung. Doch merke: Die Angst vor der Entdeckung macht Ihre Affäre ja wiederum zu einem Abenteuer.

16

Kronleuchter kontra Bett

Eine alte Redensart sagt: Jedes Ding hat seine Zeit und seinen Ort. Das gilt auch für den Geschlechtsverkehr, heißt aber nicht, daß man *immer* morgens um halb elf zum Liebesspiel in die Federn hüpfen oder daß der Beischlaf *unbedingt* im Schlafzimmer stattfinden muß. Es ist überhaupt nichts dabei, wenn Sie es ab und zu auch mal an einem total verrückten Ort treiben. Der total verrückte Ort ist ja gerade der Grund, weshalb es so viel Spaß macht. Ich möchte aber auch darauf hinweisen, daß eine sexuelle Beziehung, die Gefahr läuft, fade und langweilig zu werden, durch sexuelle Abwechslung am Leben gehalten wird.

Was ich mit »total verrückt« meine? Ganz einfach alles, was sich so sehr vom Üblichen entfernt, daß Sie es aufregend finden. Mit meinen Bekannten habe ich oft über die unmöglichsten Plätze gesprochen, an denen wir unsere sexuellen Abenteuer hatten, und einige dieser Geschichten waren nicht mal erfunden. Glauben Sie mir, manches war geradezu unheimlich: der Kofferraum eines Thunderbird, Baujahr 1960, die Führerkabine eines Krans, ein Hubschrauber, unter dem Eiffelturm, im Waschraum eines Ausflugsdampfers auf der Seine, auf einem Schlitten, am Strand von St. Tropez (vor Zuschauern), in einem Heuhaufen, auf den Hügeln über Hollywood mit den Lichtern der Stadt tief unten, in der Bettenabteilung eines Kaufhauses, abends auf dem Fußballplatz, auf dem großen Felsen vor dem El-Presidente-Hotel in Acapulco, in der Damentoilette des Hotels Vierjahreszeiten (das war eine harte Nuß), bei vielen, vielen Filmen (das ist ganz phantastisch, weil ein Film einen sofort in eine bestimmte Stimmung bringt und man seiner Vorstellungskraft die Zügel lockern kann), in der Ankleidekabine bei Harrods, in einer Seilbahnkabine in den Alpen, im Garten Ihres Eigenheims und natürlich in vielen, vielen Swimming-pools.

Frauen haben anfangs häufig ein bißchen Angst, sich an ungewöhnlichen Plätzen ungewöhnlichen Liebesspielen hinzugeben, aber wenn Sie erst einmal die Initiative ergriffen haben und Ihrer Partnerin zeigen, wie herrlich aufregend es ist, ist sie meist gar nicht mehr zu bremsen und macht alles mit. Sicher, ein Bett ist und bleibt ein großartiger Ort zum Lieben, aber lernen Sie doch auch mal, von einem Kronleuchter zu schwingen!

Die folgenden Tips für ein Abenteuer sollten Sie getrost einmal ausprobieren:

1. Suchen Sie sich an einem lauen Sommerabend einen versteckten Platz an der Landstraße. Fahren Sie zu einer Baumgruppe, halten Sie an, steigen Sie aus und gehen Sie zu der Seite des Autos, wo Ihre Partnerin sitzt. Nehmen Sie sie auf die Arme (wenn Sie können), und tragen Sie sie in den Wald (eine Baumgruppe reicht aus, wenn Sie Ihre Phantasie ein bißchen spielen lassen). Achten Sie aber darauf, daß Sie nicht plötzlich im Garten eines Bauern, auf einem Truppenübungsplatz oder in einer Schlangengrube landen. Sobald Sie sich vergewissert haben, daß die Luft rein ist, gehen Sie zum nächsten Moospolster (ein Graspolster erfüllt den selben Zweck) und legen Sie eine Decke oder Ihre Jacke darauf. Ziehen Sie sich nackt aus, und entkleiden Sie auch Ihre Partnerin – nur das Hemd lassen Sie ihr, dann macht's nämlich mehr Spaß. Jetzt lieben Sie sich unter den Sternen. Und wenn der Höhepunkt gekommen ist, sind Sie tatsächlich »eins mit der Natur« – nur Sie, Ihre Freundin und die Mücken.

2. Ein weiterer erregender Schauplatz – diesmal bei Tageslicht – ist ein einsamer Strand, besonders ein Strand, wo es Dünen oder Seegras als Schutz gegen neugierige Blicke gibt. Ziehen Sie Ihrer Partnerin den Bikini aus, küssen und streicheln Sie sie leidenschaftlich und werden Sie dann so richtig stürmisch. Stellen Sie sich den herrlichen Schauplatz vor: Die Sonne brennt, der Sand ist heiß, die Brandung bedrängt das Ufer, und Sie bedrängen Ihre Partnerin, die sicher schnell begreifen wird. Sie machen ihr deutlich, daß Sie sie begehren und sich einen Dreck darum kümmern, ob Gott und die ganze Welt zuschauen

– es ist Ihnen sogar völlig egal, ob der Pilot des Polizei-Hubschraubers zusieht.

3. Improvisieren Sie ein Erlebnis, das auch ich einmal hatte, als ich an einem Spätnachmittag zum Golfplatz ging. Außer mir war nur noch eine hübsche junge Dame anwesend, mit der ich mich zusammentat – logisch, nicht wahr? Natürlich brauchte sie eine Anleitung. Nachdem ich meinen Arm drei- oder viermal um sie gelegt hatte, um ihr zu zeigen, wie man den Schläger richtig hält (dabei streichelte ich wie unbeabsichtigt ihre Brüste), begannen unsere Körpersäfte zu strömen. Nach dem fünften Loch duckten wir uns hinter die Büsche, wo sie mir so kräftig einen blies, daß ich noch nach drei Monaten Stiche im Rücken hatte. Beim sechsten Loch fiel die Dämmerung ein, beim nächsten machten wir es nach der Einloch-Methode, am achten Loch verlor ich meine Clubkarte, doch seitdem sind wir die *allerbesten* Freunde.

4. Verrückte Plätze können Sie sogar in Ihrer Wohnung finden. Besonders die Badewanne ist einer der vielversprechendsten und gleichzeitig geeignetsten Plätze für Liebesspiele. Die private Atmosphäre, die wir unseren Badezimmern zuschreiben, wird auf bezaubernde Weise anrüchig, wenn zwei erregte Liebhaber dort eindringen. Für mich ist die großartige Symmetrie eines nackten weiblichen Körpers immer der schönste Anblick gewesen, den Gott uns geschenkt hat. Wenn sie ein Handtuch als Turban um den Kopf trägt, wenn ihr Körper naß ist und der Badeschaum noch darauf schimmert, sieht sie wie eine Nymphe aus, die nur einen Wunsch kennt: Ihnen zu gefallen und Sie zu beglücken.

Die meisten Badewannen sind heutzutage leider zu klein, so daß Keramik-Sex oft zur Strapaze wird. Wenn Sie aber zu den Glücklichen zählen, die eine geräumige Wanne besitzen, benutzen Sie sie folgendermaßen: Bereiten Sie sich ein luxuriöses Schaumbad, das allerdings nicht so stark schäumen sollte, daß es alles andere überdeckt. Füllen Sie es nur zu drei Vierteln mit Wasser. Setzen Sie sich hinein und rutschen Sie ganz nach hinten. Dann sollte Ihre Partnerin Ihnen folgen, sich zwischen Ihre Beine setzen und gegen Ihren Brustkasten lehnen. Nehmen Sie einen gut eingeseiften Schwamm oder Waschlappen und seifen Sie ihr den Rücken, den Nacken, die Brüste und auch die bewußte Stelle zwischen den Beinen ab – sanft und erregend. Küssen Sie ihre Schultern und ihr duftiges Haar. Es ist eine großartige Gelegenheit, zärtliche Komplimente zu wechseln und sich gegenseitig liebevoll zu necken. Wenn Sie bereit sind (und es wird nicht lange dauern, bis Sie *total* bereit sind), muß Ihre Partnerin sich herumdrehen, Ihnen ins Gesicht schauen und Sie mit dem Seifenschaum massieren, wobei sie sich mit dem Penis, der prall und erigiert im Wasser treibt, natürlich besondere Mühe gibt. Lassen Sie dann den größten Teil des Wasser ab – bis es nur noch gute zehn Zentimeter hoch steht. Legen Sie den Kopf Ihrer Partnerin auf ein Schaumgummikissen (die es für die Badewanne gibt) und treiben Sie es mit ihr. Jetzt kann nur noch die Gummiente zugucken. Die feuchte, schaumige Hitze zwischen den Beinen Ihrer Partnerin wird Sie bald zur Ekstase treiben. Vielleicht brechen Sie sich auch das Rückgrat, aber in dem Fall hat es sich wenigstens gelohnt.

Ich mache es mit jedem Mädchen, das ich kennenlerne, mindestens einmal in der Badewanne – und Wiederholungen sind an der Tagesordnung.

Es gibt unendlich viele Möglichkeiten für abenteuerlichen Sex. Ehepaare haben häufig den Wunsch, die intimen Begegnungen aus der Verlobungszeit zu wiederholen, damit das eheliche Geschlechtsleben nicht zur Routine wird. Sie wollen die spannenden Augenblicke noch einmal erleben, die sie hatten, als ein Hotel oder Motel Höhepunkte der Aufregung und des schlechten Gewissens waren. Ein Teil des Vergnügens besteht darin, die Eheringe zu Hause zu lassen, das Hotel ohne Gepäck zu betreten und die Anmeldeformulare als »Herr und Frau Schmidt« zu unterschreiben. Auch ein kleiner Trip in die Nachbarstadt kann sehr pikant sein und läßt sich leicht arrangieren, wenn beim Ehemann gerade eine Geschäftsreise auf dem Programm steht.

Oder Sie *fliegen* zusammen. Nachtflüge haben einen entscheidenden Vorteil, weil die Lichter in der Maschine ausgeschaltet werden und man ihnen Decken gibt. Und das Erlebnis eines Orgasmus, bei dem man auf duftige Wolken im Mondschein hinabblickt, bleibt für immer unvergeßlich. Wenn die Luftfahrtgesellschaften sich entschließen könnten, ihre albernen Werbesprüche aufzugeben und statt dessen Liebesflüge in Erster-Klasse-Sesseln anzupreisen, wären ihre Flugzeuge immer voll besetzt. Das wären dann wirklich himmlische Zeiten!

Und wenn Sie einen Hang zum Voyeurismus haben (was durchaus nichts Schlimmes ist), vergessen Sie nicht

die vielen reizvollen Möglichkeiten vor einem Spiegel!
Durch Spiegel an den strategisch günstigen Stellen können
Sie Ihr Schlafzimmer in ein erotisches Paradies mit immer
neuen lebenden Bildern verwandeln. Stellen Sie sich vor:
Sie können eine schöne Frau dabei beobachten, wie sie
sich über Ihren Penis beugt. Die Kombination aus aktiver
Beteiligung und Zuschauen stellt einen sexuellen Genuß
dar, der kaum noch zu überbieten ist. Spiegel sind *wahnsinnig* erotisch und lassen sich leicht anbringen. Sie haben
lediglich den Nachteil, daß sie ein bißchen an die Atmosphäre eines Friseursalons oder einer Umkleidekabine im
Kaufhaus erinnern, wenn das Zimmer zu hell beleuchtet
ist. Und falls Sie den Anblick nicht ertragen können, der
sich Ihnen beim morgendlichen Erwachen bietet, dann
brauchen Sie sich nur einen Handspiegel zu kaufen und
ihn beim Beischlaf im geeigneten Winkel zu halten.

Denken Sie daran, daß Sie das traditionelle Zubehör
eines Liebesspiels nicht gleich auszurangieren brauchen.
Kerzenlicht und Musik sind auch heute noch wesentliches
Zubehör der Sprache der Liebe. Sorgen Sie, wenn möglich,
für beides! Frauen lieben Kerzen. Kerzenlicht verschönt
ihren Teint, läßt ihre Wangenknochen etwas hervortreten
und verleiht ihren Augen einen geheimnisvollen
Schimmer. Bei Kerzenlicht sehen sie am besten aus. Das
wissen sie ganz genau (übrigens sehen auch Männer bei
Kerzenlicht besser aus als sonst). Und wenn Sie dann
noch zärtliche Musik auflegen, haben Sie eine romantische
Atmosphäre geschaffen, die jede Frau unwiderstehlich
findet. Nach ein paar Drinks, einer gelösten Unterhaltung
und einem einleitenden Liebesspiel können Sie sich in

einer Umgebung perfekter Sinnlichkeit mit Ihrer Partnerin vereinigen.

Ich kenne einen Junggesellen in New York, der seine Apartmentwohnung am Central Park nie elektrisch, sondern nur mit vielen, vielen Kerzen beleuchtet. Er ist einer der gesuchtesten Männer der Stadt (aber auch der Schreck aller Feuerversicherungen).

Die Kerze ist das Licht der Liebe.

17

Party-Sex

Vor vielen Jahren machte ein Gastwirt im alten Rom, der auch Privatleute belieferte, anläßlich eines großen Festessens die folgende interessante Beobachtung. Er stellte nämlich fest, daß die männlichen Gäste kurz vor den Weintrauben versuchten, den Damen unter den Rock zu fassen. Und bei den Granatäpfeln warfen die Damen den Patriziern, die ihnen gegenübersaßen, laszive Kußhände zu. Wie unser Gastwirt mit einem raschen Blick feststellen konnte, zeigten sogar die Sklaven Anzeichen von sexueller Erregung.

Da hatte er eine Erleuchtung. Er beschloß, diese erfreuliche Situation auszuwerten – und zwei Wochen später gab – und belieferte – er die erste Hundert-Golddukaten-pro-Gedeck-Orgie aller Zeiten.

Der Erfolg dieser Orgie war außergewöhnlich. Eine Welle von Ausschweifungen rollte über die Halbinsel. Und natürlich ging das alte Rom sieben Monate später unter.

Aber das interessierte kaum jemanden.

Orgien gibt es auch heute noch. Meist werden sie von Leuten veranstaltet und besucht, die in sexueller Hinsicht nicht mehr taufrisch sind. Ich vermute allerdings, daß sie nur ein schwacher Abglanz der Original-Orgien römischer Art sind. Wie kann man auch eine Sozialwohnung im dritten Stock mit einem Tempel der Ewigen Stadt vergleichen! Wie kann man Blue-jeans zu dreißig Mark mit einer wallenden, verführerischen Toga vergleichen? Und wie kann man erwarten, daß die skandalösen Sex-Techniken und die total verdorbene Moral jener Weintraubenesser noch überboten werden könnte?

Man kann es nicht. Einen Versuch kann man aber trotzdem wagen.

Das Wort »Orgie« ist vielleicht etwas zu hochgestochen, um den typischen amerikanischen Party-Sex zu umschreiben, und ich zögere ein bißchen, ehe ich es wage, den durchschnittlichen Anhänger des Partnertausches als »Orgiasten« zu bezeichnen. (Meiner Ansicht nach sollte man einen Titel wie Orgiast erst nach zehnjährigem Studium mit Abschlußexamen oder nach einer öffentlichen Zurschaustellung in der Carnegie Hall verleihen!) Für jemanden, der es genau nimmt, reicht es eben nicht aus, die Party der Nachbarn zu besuchen und es mit allen dort anwesenden Damen zu treiben.

Habe ich richtig gehört? Es reicht doch? Na ja, vielleicht

gehören Sie zu den Männern, die wirklich Spaß am Party-Sex haben. Das ist Temperamentsache, nehme ich an. Ich persönlich kann mir auf Orgien kaum ein Lachen verkneifen – ein Zimmer voll splitternackter Leute, die ganz vergessen haben, daß sie nicht allein sind, und wie wild aufeinander rumhüpfen, nein, da muß ich immer an den Affenkäfig im Zoo denken. Aber, wie schon gesagt, das ist Temperamentsache.

Natürlich habe ich auch eine Liste der Vor- und Nachteile von Orgien zusammengestellt (dafür hatte ich nur deshalb genügend Zeit, weil ich nicht so oft zu Orgien gehe).

Die Vorteile von Orgien

1. Ehepaare, die in sexueller Hinsicht schon ein bißchen abgeschlafft sind, können ihre Sex-Batterie wieder aufladen, ohne daß sie dazu heimliche und schmutzige Affären nötig hätten. Bei heimlichen und schmutzigen Orgien kann jeder den anderen im Auge behalten.

2. Für einen Mann, dessen Liebesleben bisher nicht sehr abwechslungsreich gewesen ist, können Orgien wahnsinnig aufregend sein. Bei einer Orgie kann er *alles* machen – mit *allen*.

3. Die Atmosphäre einer Orgie kann außerordentlich anregend wirken. Der Anblick (und die Geräusche) von sechzehn Personen beim Geschlechtsakt wird den in uns allen verborgenen Voyeur so stark erregen, daß auch das eigene Liebesspiel besser wird.

4. Orgien sind eine ehrliche Angelegenheit und verpflichten zu nichts. Die Teilnehmer sind nur auf Sex und

sonst nichts aus. Sie brauchen keine Angst vor unerwünschten Romanzen zu haben. Sie brauchen keine Versprechungen zu machen. Sie brauchen ihre Partnerin nicht
vorher ins Konzert einzuladen, wenn sie klassische Musik
eigentlich verabscheuen. Sie brauchen sich nur das auszusuchen, was ihnen gefällt – und ihren Penis hineinzu-
stecken.

5. Vielleicht können Sie bei Orgien auch noch etwas
lernen. Die anderen sind auf sexuellem Gebiet bestimmt
schon weit herumgekommen. Vielleicht können Sie ihnen
einen oder zwei neue sexuelle Tricks abgucken.

6. Sie können alles haben, was Sie wollen – oder vertragen können. Frauen eignen sich allerdings besser für
Orgien, weil sie ausdauernder sind. Aber seien Sie beruhigt, es ist nicht damit zu rechnen, daß Sie eine Orgie
unbefriedigt verlassen.

7. Man braucht keinerlei Vorsichtsmaßnahmen zu
treffen, und das ist sympathisch. Bei Orgien erwartet man,
daß die beteiligten Frauen selbst für empfängnisverhütende Mittel sorgen. Lassen Sie die Präservative also zu
Hause, wenn auf der Einladungskarte nicht ausdrücklich
vom Gegenteil die Rede ist. Auf jeden Fall – keine Angst
vor Schwangerschaften! Wenn eine der Teilnehmerinnen
tatsächlich unerwünschte Folgen spüren sollte, wird sie
kaum nachweisen können, welcher von den neun Herren
der Verantwortliche ist.

8. Orgien sind relativ sicher. Sie werden meistens in
Privathäusern oder -wohnungen veranstaltet, und deshalb
besteht kaum die Gefahr, daß die Polizei plötzlich auftaucht und eine Razzia macht. Ebenso beruhigend ist die

Tatsache, daß man sich kaum vor Diebstählen zu fürchten braucht, was man bei Prostituierten leider nicht immer sagen kann.

9. Wenn Sie sich erst mal an Orgien gewöhnt haben, verlieren Sie jede Hemmung, sich nackt vor anderen Leuten zu zeigen. Schließlich sehen die anderen im Zustand der Nacktheit so furchtbar albern aus, daß sich Ihnen niemand überlegen vorkommen kann.

10. Der Spaß bei einer Orgie kann sich auf Ihr reguläres Liebesleben auswirken. Auch die kleinste Orgie tut da ihre Wirkung!

Die Nachteile von Orgien

1. Orgien können dem Geschlechtsakt jeden romantischen Beigeschmack nehmen. Für Gefühle und persönliche Bindungen ist da nämlich kein Platz, und vielleicht stellen Sie nach einer Reihe von Orgien plötzlich fest, daß die Gruppensex-Diät Sie um die erregende Spannung einer »normalen« Verführung gebracht hat.

2. Nicht alle Frauen, die sie bei Orgien antreffen, sind attraktiv. Wie bei anderen Partys, so begegnet man auch hier allen nur möglichen Frauentypen. Und vielleicht treiben Sie es nicht gern mit allen nur möglichen Frauentypen. Seien Sie also klug und gehen Sie auf jeden Fall mit einer Frau hin, mit der Sie ganz bestimmt gern schlafen – falls die anderen Damen ungenießbar sind, können Sie dann immer auf Ihre Begleiterin zurückgreifen.

3. Intimer sexueller Kontakt mit einem Dutzend oder mehr Leuten, die Sie nicht kennen, erhöht die Gefahr, daß Sie sich eine Geschlechtskrankheit zuziehen.

4. Sie riskieren Erpressungsversuche und gefährden damit Ihren beruflichen Erfolg. Da viele Orgiasten leidenschaftliche Fotografen sind, müssen Sie jederzeit mit dem berühmten verschlossenen Umschlag rechnen, in dem Sie dann die geschmacklosen Schwarzweiß-Aufnahmen der gewagten Positionen finden, die Sie bei der letzten Orgie eingenommen haben. (Noch erschütternder ist es, wenn Sie einen Porno-Filmklub besuchen und plötzlich feststellen, daß auch Sie zu den Darstellern der pikanten Streifen gehören!)

5. Vielleicht entdecken Sie auch, daß man Ihre Adresse in irgendwelche Porno-Werbelisten aufgenommen hat und Ihnen nun von Zeit zu Zeit interessante Angebote unterbreitet. Oder an Ihrem Telefon melden sich merkwürdige Leute (also Leute, die *noch* merkwürdiger sind als Sie) und belästigen Sie mit unanständigen Angeboten.

6. Auf Orgien werden Sie unter Umständen in sadomasochistische Praktiken verwickelt, die eigentlich gar nicht Ihr Bier sind.

7. Und, was am schwerwiegendsten ist, Sie beteiligen sich aktiv am moralischen Verfall unseres Landes – und wenn unser Staat zusammenbricht, kann man Sie persönlich dafür zur Verantwortung ziehen.

Wenn Sie zu dem Schluß gekommen sind, daß Sie für Orgien wie geschaffen sind, dann bereiten Sie sich auf einen langen und anstrengenden Abend vor. Gehen Sie nicht bloß hin, um zuzusehen, das gehört sich nicht. Tun Sie alles, wozu Sie Lust haben, aber tun Sie etwas. Die anderen Orgiasten werden Ihnen wohlgesonnen sein! Er-

warten Sie um Gottes willen keinerlei Privatsphäre oder
Vertrautheiten, denn Orgien-Anhänger sind ganz wild
auf schwitzende, keuchende und um sich spritzende
Haufen nackter Leiber (sogar fünf oder sechs gleichzeitig).
Ziehen Sie sich bequem an, nehmen Sie nur Kleidungs-
stücke, die Sie schnell abstreifen und in die nächste Ecke
werfen können, ohne daß es Ihnen später leid tut. Und
denken Sie immer daran, daß Sie eine geheiligte Tradition
der abendländischen Kultur am Leben erhalten.

Wenn Sie jedoch Unannehmlichkeiten haben sollten
– rechnen Sie bitte nicht damit, daß *ich* Ihnen helfe! Ich
bin zu Hause – und zwar mit einer Frau. Mit *einer*!

18

Sein Orgasmus

Die meisten Männer denken kaum darüber nach, wie und warum sie »kommen«. Deshalb einige Tatsachen über Ejakulation und deren Verhältnis zum Körper und zum Liebesspiel des Mannes.

Während der orgastische Genuß einer Frau sich im Laufe der sexuellen Vereinigung mit jedem neuen Höhepunkt steigert, ist beim Mann der erste Orgasmus am intensivsten und aufregendsten. Die Ejakulation ist Höhepunkt und totale Befriedigung des Mannes, und bei der ersten Ejakulation tritt die größte Menge an Samenflüssigkeit aus. Die Frau kann fühlen, wie ihr Partner kommt, weil die Flüssigkeit unter so starkem Druck austritt, daß sie bis zu einem Meter weit spritzen würde – wenn sie sich nicht innerhalb der Vagina entlüde. Bei

diesem Vorgang wird die Blase durch einen kleinen
Schließmuskel abgeriegelt, damit die Samenflüssigkeit sich
nicht mit dem Urin mischt. Die meisten Männer unter
35 können relativ häufig ejakulieren – es sei denn, sie
reden sich von vornherein ein: »Ich weiß genau, daß ich
es nicht noch einmal schaffe.« Bei geeigneter seelischer
und körperlicher Stimulation ist das Tier Mann bereits
zehn bis dreißig Minuten nach der ersten Ejakulation
wieder erektions- und also auch orgasmusfähig.

Wenn Sie eine Erektion haben und sich ein kleiner
Tropfen klebrigweißer Flüssigkeit oben auf der Eichel
zeigt, so bedeutet das lediglich, daß die Ejakulation durch
ein Schmiermittel vorbereitet wird. (Seien Sie jedoch vorsichtig, wenn Sie Angst vor unerwünschten Folgen haben,
denn auch dieser kleine Tropfen birgt bekanntlich genügend Samen in sich, um Ihre Partnerin zu befruchten!)

Fallen Sie bloß nicht auf den Unsinn herein, um einen
möglichst befriedigenden Geschlechtsakt zu erreichen, sei
es unbedingt notwendig, daß Mann und Frau zur gleichen
Zeit zum Orgasmus kommen. Das ist purer Blödsinn!
Schließlich ist die Frau zu vielen Höhepunkten fähig, und
da ihr jeder neue Orgasmus mehr Genuß bereitet als der
vorhergehende, ist es ganz offensichtlich, daß der Mann
seine Partnerin zwei, drei, fünf oder zehn Mal zum Höhepunkt bringen sollte, ehe auch er kommt. Das dabei ent-
stehende köstlich heiße Gefühl wird die Frau im Innersten
erbeben lassen und ihrer Befriedigung die Krone auf-
setzen.

Leider gibt es Männer, die einfach nicht in der Lage
sind, in die Scheide einer Frau zu ejakulieren. Sie bringen

es aus psychologischen Gründen nicht fertig, direkt in die Vagina zu ejakulieren, obgleich sie Erektionen praktisch unbegrenzt lange halten können (länger als eine Stunde). Hier ist unbedingt die Hilfe eines Psychologen angebracht, denn die Freude am Liebesspiel ist künftig dahin, sobald auch der weibliche Partner sich Sorgen um das Problem machen muß.

Unter normalen Bedingungen für einen Geschlechtsakt läßt sich das bisher Gesagte in folgenden, einfachen Punkten zusammenfassen:

1. Der erste Orgasmus, den Sie beim Geschlechtsverkehr mit Ihrer Partnerin haben, ist normalerweise der beste, da die Flüssigkeitsmenge, die Sie dabei ausstoßen, am größten ist.

2. Da Frauen zu vielen Orgasmen fähig sind und bis zu fünfzig Mal einen sexuellen Höhepunkt erreichen können, empfiehlt es sich, daß Sie, der Mann, Ihren Ejakulationszeitpunkt so lange hinauszögern, bis Sie der Überzeugung sind, daß Ihre Partnerin richtig in Fahrt ist.

3. Bei geeigneter Stimulation können Sie sogar »einen Orgasmus *mehr* haben, als Sie in Ihren kühnsten Träumen erhofften«.

4. Kein Mann wird durch den Geschlechtsverkehr körperlich geschwächt. Leider gibt es viele Männer, die sich weigern, ihre Frau oder ihre Freundin vor einem Tennisturnier oder Fußballspiel zu beglücken. Das wurde ihnen oft von idiotischen Trainern eingeimpft. Wenn sie jedoch in guter körperlicher Verfassung sind (und das sollten

sie schon ihretwegen sein), kann ein guter Beischlaf überhaupt nicht schaden. Das ist medizinisch erwiesen. Ich
spiele jeden Sonntagmorgen Tennis mit einem Klubmit-
glied, das schon Donnerstagabend beginnt, Mädchen nur
noch von weitem zu betrachten – ich dagegen komme
meist direkt aus dem Schlafzimmer meiner Freundin, und
ich schlage ihn jedesmal.

19

Ihr Orgasmus

Was ich jetzt zu sagen habe, schmerzt mich: Frauen sind in sexueller Hinsicht das stärkere Geschlecht. Sie können den Genuß des Liebesspiels viel ausdauernder erleben als Männer und sind darüber hinaus körperlich widerstandsfähiger! In nicht allzu langer Zeit werden die Frauen (die ihre sexuellen Möglichkeiten allmählich erkennen) beginnen, *uns* als erotische Objekte zu behandeln, und intensive Beachtung und intensive Erektionen von uns verlangen. Und sie werden uns auspfeifen, falls wir uns ungeschickt anstellen oder ihre Erwartungen nicht erfüllen.

Wie ich schon gesagt habe, kommen die meisten Männer im Laufe einer Intimbegegnung ein- oder zweimal zum Orgasmus. Eine Frau dagegen kann den sexuellen Höhe-

punkt so oft erreichen, wie sie will – fünf, zehn, fünfzig
oder sogar hundert Mal während eines einzigen Beischlafs.
Dazu braucht sie allein Ihre Mitarbeitet, Ihre geübten
Hände, Ihren Mund und Ihren Penis. Mit fortschrei-
tendem Liebesspiel werden ihre Orgasmen immer inten-
siver – so ist der dritte beispielsweise viel genußreicher
als der erste. Frauen haben außerdem die Fähigkeit zum
Multiorgasmus (während sie noch die Wirkung des ersten
Höhepunkts spüren, nähert sich schon die nächste
Klimax). Und, als seien diese Trumpfkarten noch nicht
genug, ein Orgasmus dauert bei einer Frau durchschnitt-
lich länger als bei einem Mann, wie wissenschaftliche Un-
tersuchungen kürzlich ergeben haben.

Wenn Ihr männliches Selbstbewußtsein jetzt keinen
Schock erlitten hat, von dem es sich nicht wieder erholen
wird, lassen Sie sich noch eine weitere niederschmetternde
Tatsache sagen: Sexualwissenschaftler erklären, daß
Frauen den besten Orgasmus beim Onanieren erleben!

Weshalb gehen Frauen also überhaupt noch mit uns
ins Bett, wenn sie es allein viel besser machen können?
Weil für eine Frau eine persönliche Bindung alles ist.
Während wir Lustmolche von Männern imstande sind,
mit fast allem, was zwei Beine hat, in die Federn zu hüpfen,
wollen Frauen ihren Partner kennenlernen, bewundern
und körperlich attraktiv finden, bevor sie den Weg ins
Schlafzimmer antreten. Das Gefühl von Nähe, Zärtlichkeit, Verbundenheit und Liebe ist für eine Frau wichtiger
als die Serie von Orgasmen, die sie so ganz nach Wunsch
auslösen kann. (Das heißt allerdings nicht, daß sie sich
mit körperlicher Nähe *ohne* Orgasmus begnügt. Die mo-

derne Frau will beides.) Außerdem ist es sehr interessant, daß die meisten Frauen von einem Orgasmus mittlerer oder sogar schwächerer Intensität, der mit echter Partnerliebe verbunden ist, viel mehr haben als von einem Superhöhepunkt, den sie durch Masturbation erzielen. Der schwache Orgasmus, für den Sie, der Mann, verantwortlich zeichnen, bestätigt das Selbstbewußtsein der Frau als erotisches und angebetetes Wesen. Außerdem gilt auch hierbei: Geteilte Freude ist doppelte Freude.

In den letzten Jahren ist es auch für eine Frau immer wichtiger geworden, im Bett gut zu sein. Solche Sorgen hatten früher nur die Männer. Männer fürchten sich vor vorzeitiger Ejakulation, sie bemühen sich um eine prompte Erektion und um das Halten dieser Erektion – Frauen geraten in Panik, wenn sie nicht sofort den Zustand sexueller Erregung erreichen und keinen Orgasmus zustande bringen. Es ist durchaus nicht ungewöhnlich, daß eine Frau fünf oder zehn oder auch fünfzehn Minuten lang stimuliert werden muß, ehe sie zum ersten Höhepunkt kommt. Glauben Sie also um Himmels willen nicht, daß eine Frau, die nicht so schnell in Fahrt kommt, frigide ist!

Sobald ihr Körper »angewärmt« ist, kann sie eine endlose Reihe phantastischer Höhepunkte erleben. Daran sollten Sie als Mann immer denken. Und sie wird ein paar hübsche und temperamentvolle Sachen mit Ihnen, dem Mann, machen, um Ihr Interesse am Genuß der Partnerin wachzuhalten, verlassen Sie sich darauf.

Obgleich wir Männer in sexueller Hinsicht das schwächere Geschlecht sind, laufen wir nicht Gefahr, aus dem

Geschäft verdrängt zu werden. Je sinnlicher eine Frau ist, desto dringender braucht sie einen sinnlichen Mann – desto dringender braucht sie *Sie*, und sie wird alles tun, um Sie zu halten. Wenn Sie einmal darüber nachdenken, müssen Sie zugeben, daß das gar keine so schlechte Sache ist. Vielleicht kriegen *wir* sogar eines Tages die Alimente, wenn wir erst mal alle großartige Liebhaber geworden sind.

20

Liebe als Aphrodisiakum

Wie ich dich liebe? Laß mich die Arten zählen.
Ich liebe dich so tief, so weit, so hoch.
Mein Wesen reicht, wenn das unfaßbare Gefühl
Das Ende des Seins, die große Gnade erreicht.
Ich liebe dich so wie des Tages schlichte Unschuld,
Bei Sonne und bei Kerzenschein.
Ich liebe dich so ungestüm, wie Menschen um die
Freiheit kämpfen;
Ich liebe dich so rein, wie sie sich vom Ruhme trennen.
Ich liebe dich mit der Leidenschaft, die früher
Meinem Gram gehörte, mit dem Glauben meiner
Kindheit.
Ich liebe dich mit einer Liebe, die mit meinen
Heiligen versunken schien – ich liebe dich mit

Dem Odem, dem Lächeln, den Tränen all meines
Lebens! – Und,
Wenn es Gott gefiele, liebte ich dich noch mehr
Nach dem Tode.

Elizabeth Barrett Browning (1850)

Niemals habe ich irgendwo etwas gelesen, das besser »Ich
liebe dich« zum Ausdruck bringt. Liebe verklärt unser
unstetes Herumsuchen und bringt ein Gefühl hervor, so
phantastisch, daß es alle unsere vergangenen sexuellen
Raubzüge zu sanften Gefechten degradiert. Liebe läßt
uns schweben statt laufen. Im Zug und im Bus lachen
wir, und ein jeder lächelt mit uns. Wir möchten der ganzen
Welt unsere Arme und unser Herz öffnen, um ihr das
wunderbare Gefühl zu zeigen, das in uns glüht, und jeden
wachen Moment versinken wir in Träume über die Art,
wie *sie* aussieht und fühlt und duftet und klingt, bis sie
erneut in unseren Armen liegt und der Traum Wirklichkeit
wird.

Liebe läßt das Blut auch schneller und schneller pochen.
Man kann seine Hände nicht von ihr nehmen. Man möchte
jeden Zentimeter von ihr küssen, von oben bis unten
und ringsherum. Man möchte sie Stunden und Tage und
Wochen bumsen, in alle Ewigkeit, bis man in ihren Armen
dahinscheidet. Und man möchte es wieder und wieder
und wieder tun.

Jim Moran sagt in seinem Buch *Why men shouldn't
marry* (›Warum Männer nicht heiraten sollten‹): »Liebe
ist eine Art von zeitweiligem Wahnsinn« – und genau
so ist es. Männer haben aus Liebe Selbstmord begangen,

geraubt, gemordet, sind von Brücken gesprungen und haben ihretwegen gekämpft.

Wenn wir zu alldem in der Lage sind, dann bedenken Sie, wie gewaltig unser Drang sein muß, die Frau zu befriedigen, die das Objekt solchen Sehnens ist.

Der Schlachtruf lautet: Ich will dich, ich will dich, ich will dich! Und ich will alles tun, um dich glücklich zu machen. Es ist herrlich. Seien Sie kein Narr. Machen Sie es sich in jeder Art und Weise zunutze. Es kommt nicht alle Tage vor. Vielleicht nur einmal im Leben. Sie können viele Male lieben, doch sind Sie nur selten »verliebt«.

Es ist eine Zeit, in der Sie von erotischen Gefühlen erfüllt sind, die Ihre Vorstellungskraft übersteigen. Ihre Augen sind Sterne, ihre Lippen Blütenblätter. Ihr Hals ist schwanengleich, ihre Brüste sind Hügel von purem Alabaster, die unter Ihrer Berührung nachgeben, ihre Hüfte ist ein Hauch von Fleisch, warm und geschmeidig, ihr Gesäß widersteht dem Druck der Hände, und ihre Vagina ist der Altar, an dem Sie betend niederknien. Sie ist das elementarste Gebiet ihrer Gesamtheit als Frau, zu dem Sie unentrinnbar hingezogen werden, und während Ihre Zunge und Ihre Lippen heiße Fluten lieblicher Säfte aus ihr hervorquellen lassen, die Ihnen sagen, daß sie Sie liebt, vereinigen Sie sich mit ihr, dringen tief in den Quell ein, winden sich, drängen, halten und küssen, bis die Welt sich weit entfernt und nur zwei hingegebene, glücklich ekstatisch Liebende allein auf einer Wolke zurückläßt, die irgendwo schwebt.

Ich liebe alle Frauen, doch es gibt nur eine Liebe.

Schluß

Jedes Buch sollte einen Orgasmus haben. Das letzte Kapital war meiner – eine literarische Ejakulation, mit der ich, so gut ich konnte, zu sagen versuchte, was ich von Liebe und Sex halte. Sie sind, wie Elizabeth Browning sagt, »unfaßbar«.

Und jetzt, während ich mich an dem Nachglühen eines fertigen Buches erwärme, wird mir klar, daß ich beim Schreiben mehr Vergnügen hatte, als ich jemals zu hoffen wagte. Es war durchaus keine Plackerei, und ich hoffe sehr, mein Enthusiasmus war ansteckend. Ich weiß, meine Launen waren wie Quecksilber. Einmal war ich spöttisch, im nächsten Moment moralisierend und dann wieder überschwenglich. Doch bitte ich deshalb nicht um Vergebung. Sex ist eben so – warm, ekstatisch, lächerlich, unergründlich und erregend. Sex ist das Ur-Paradox, schrecklich trivial oder das einzige, was im Leben zählt. Das hängt ganz vom Zeitpunkt und vom Ort ab.

Meine letzten Worte zum Thema sind somit diese: Sex ist Liebe und Sex ist Leben. Wenn mein Buch dazu beigetragen hat, daß Sie dies erkennen, dann hat meine Mühe sich gelohnt.

Alles Gute. Ich habe genug geschrieben, und es wird Zeit, daß Sie aufbrechen und die Dinge *tun*, die ich im *Sinnlichen Mann* beschrieben habe.

Und auch für mich wird es Zeit dazu. Möge ein jeder Orgasmus Ihren vorausgegangenen übertreffen!

Schutzumschlag und Einband Jan Buchholz und Reni Hinsch
Unter Verwendung eines Fotos von Onofrio Paccione
Gesetzt aus der Korpus Garamond-Antiqua
Lichtsatz Aktino KG, Berlin
Gesamtherstellung: Carl Ueberreuter, Wien